監修者――木村靖二／岸本美緒／小松久男／佐藤次高

[カバー表写真]
フリードリヒ大王
(フランツ・ドゥデ, 油彩画, 1900年頃)

[カバー裏写真]
ベルリン歌劇場と聖ヘートヴィヒ聖堂
(作者不詳, 着色銅版画, 1780年頃)

[扉写真]
フリードリヒ大王とグレイハウンド
(ヨーハン・ゴトフリート・シャドウ, ブロンズ像, 1822年)

世界史リブレット人55

フリードリヒ大王

祖国と寛容

Yashiki Jiro
屋敷 二郎

目次

「第一の下僕」

このフリードリヒ大王(一七一二〜八六、在位一七四〇〜八六)の言葉は、高校世界史の教科書にも引用されるほど有名である。しかし、なぜこの言葉は、啓蒙絶対主義をもっともよく象徴するものと考えられているのだろうか。

人民は、紛争を解決するために裁判官を、敵に対して彼らの財産の所有を保全するために保護者を、多様な利害をただ一つの共通利害に統合するために主権者を持つことが自己の安寧と保存のために必要だと考えて、彼らの中から、最も賢明で、最も衡平で、最も無私で、最も人間的で、最も勇敢だと思われた者を、彼らを統治し、あらゆる政務の重責を引き受けるために選んだ。

フリードリヒは、即位の直前に書きあげた『反マキァヴェリ論』の第一章でこのように述べ、君主がもつ支配権の根拠を社会契約(支配服従契約)に求めている。「君主は、自己の支配下にある人民の絶対的主人でないばかりか、その第一の下僕にすぎない」という有名な一節がでてくるのは、この文脈である。

集合体としての「人民」を一方当事者とし、君主を他方当事者として、支配服従契約が結ばれた。君主は人民に対して責務をはたすべき「下僕」であると同時に、人民から直接に支配権を委ねられた唯一無二の超越的存在として、彼の政務を補佐すべき第二、第三以下の奉仕者たちとは本質的に異なる「第一の」下僕である。君主の支配権は、正義の実現・安全保障・共通利益の追求という契約目的によって制約されるが、逆にこれらの目的に奉仕するかぎりはなにものにも妨げられない。また、君主による支配権の行使は義務でもある以上、それを他人任せにすることは許されない。それゆえ社会契約は絶対主義を制約しつつ強化する役割をはたしている。このように考えると、「第一の下僕」ほど啓蒙絶対主義の本質を端的に表現した言葉は、ほかにないことがわかる。

もっとも現代の歴史研究では、なにものにも拘束されない専断的統治といっ

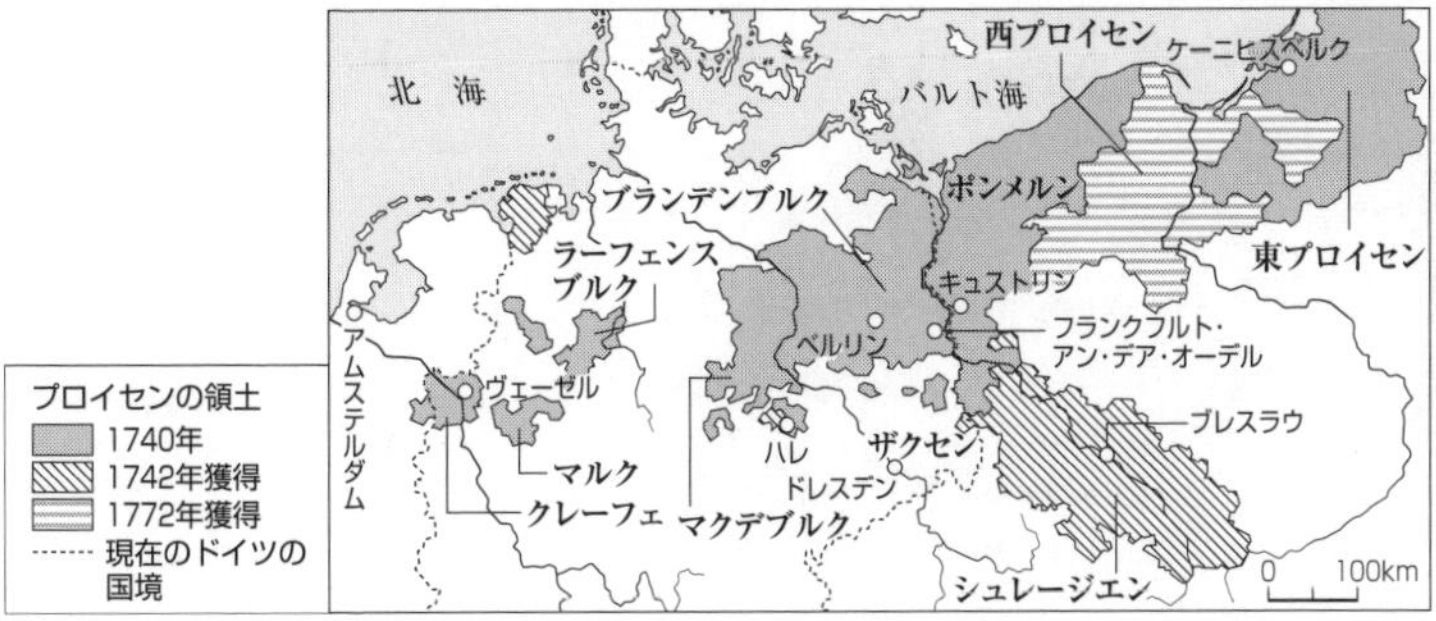

プロイセンの領土の変遷

た旧来の「絶対主義」理解はすでに克服され、さまざまな身分や中間団体がはたした多様な役割が示されている。実際、そのような多元的な協働なしに一国の統治をおこなうことは、なにものにもなしえない。王太子として即位に備えていたフリードリヒにも、それは自明だった。むしろ自明だったからこそ、それぞれの特殊利益を追求する諸身分や中間団体に依存しながらも左右されず、人民全体の共通利益だけを追求せねばならない、と自戒したのである。

フランス啓蒙思想の薫陶《くんとう》を受けた王太子は、二八歳で神聖ローマ帝国内の有力諸邦の一つを継承し、果敢な対外戦争の陣頭に立って死地をくぐりぬけ、ヨーロッパ第五の列強としての地位を確立することで「大王」となった。他方、その治世をつうじて、寛容を重んじ、自由を愛し、司法制度の改革と産業の育成に力をそそぎ、晩年には国民から敬愛の念と若干の閉塞感を込めて「老フリッツ」と呼ばれた。人民ないし国家に対するゆるぎない義務意識が、そのすべてを一本の糸のように貫いていた。本書は、啓蒙絶対君主の代表とされるフリードリヒ大王の思想と事績を同時代の文脈のなかに位置づけ、それが後世に与えた影響を考えるものである。

▼ツォレルン家　この家名の語源はおそらくバルコニーを意味するドイツ語の「ゼラー」で、標高八五五メートルの山頂に居城を構えたことに由来するようである。

ホーエンツォレルン城

①―ホーエンツォレルン家とプロイセンの伝統

ホーエンツォレルン家の発祥

フリードリヒ大王の家系は、ホーエンツォレルン家と呼ばれる。ホーエンツォレルン家は、のちのドイツ帝国の皇帝を輩出した家系であり、現代の事典類ではドイツを代表する名門の一つに数えられている。しかし、フリードリヒが「大王」となるまで、そんなふうに考える人は誰もいなかった。

この家系が初めて文書記録に登場するのは十一世紀のことである。そのころは「ツォレルン家▲」という、プロイセンとは縁もゆかりもない南ドイツのシュヴァーベン地方の地方領主であった。

一一九一年、ツォレルン伯フリードリヒ三世（一一三九頃～一二〇〇頃）はもっぱら幸運に恵まれてニュルンベルク城伯フリードリヒ一世となり、フランケン地方への進出をはたした。その後二〇〇年ほどの間、ツォレルン家はこの地でたくみに勢力を拡大し、神聖ローマ帝国内での政治的影響力を少しずつ強めていく。やがて自信をつけた同家は十四世紀中頃から「ホーエン」（高い、高貴な）ツォレルンと名乗りはじめた。ちなみに「ホーエンツォレルン」という呼び名が定着するのは十六世紀以降のことである。

ブランデンブルク選帝侯国

次の転機は、一〇代目のニュルンベルク城伯フリードリヒ六世（一三七一〜一四四〇）のときに訪れた。まだ城伯を継ぐ前、兄ヨーハンとともにニコポリスの戦い▲に従軍したフリードリヒは、捕虜になりかけたハンガリー王ジギスムント（一三六八〜一四三七）を救出した。この恩義に加え、さらに一四一〇年の皇帝選出会議でジギスムントのドイツ王選出に貢献したため、その見返りとして城伯は、一　五年に北東ドイツのブランデンブルク辺境伯領と選帝侯位を授けられた。なお、ジギスムントが借金のかたとして辺境伯領と選帝侯位を提供した、という異説もある。

そもそもブランデンブルクは、一一五七年にアスカーニア家のアルプレヒト熊公が東方植民▲の一環として創設した辺境伯領であった。辺境伯の地位を世襲したアスカーニア家は、当時の神聖ローマ帝国における有力諸侯の一つで、一

▼ニコポリスの戦い　一三九六年九月二十五日、ジギスムントの率いるヨーロッパ諸国連合軍は、ドナウ河畔のニコポリス（現ブルガリア北境）でオスマン帝国軍に大敗を喫した。

皇帝ジギスムントに授封されブランデンブルク選帝侯となるフリードリヒ一世

▼東方植民　神聖ローマ帝国の東部周縁地域への植民運動で、中世盛期に活発におこなわれた。この過程で征服された異教徒の先住民ヴェンド人たちは、キリスト教化されたのちも、近代にいたるまで「キーツ」と呼ばれる都市周辺部やシュプレーヴァルトの沼沢地帯に居住して、独自の言語や生活習慣を保った。

二五七年には選帝侯会議の一角を占めるようになった。なお、ベルリン▲(一二三七年)やフランクフルト・アン・デア・オーデル(一二五三年)など、のちにこの地域の中核となる諸都市が開かれたのも、このころのことである。

一三二〇年にアスカーニア家が断絶したのち、ブランデンブルクは盗賊騎士が跋扈《ばっこ》する荒野となりはてていた。そのような僻地に依然として「選帝侯」という麗々しい肩書きが付随していたのは、アスカーニア家の権勢の名残であった。ともあれ、ブランデンブルク選帝侯家となったホーエンツォレルン家は、ようやく神聖ローマ帝国の有力諸侯の仲間入りをはたしたのであった。

プロイセン公国

およそ一世紀後の一五二五年、別の東方植民の故地がホーエンツォレルン家の領地となった。それがプロイセンである。

一二二六年、ポーランドのマゾフシェ公コンラト一世(在位一一九七〜一二四七)の依頼により、ドイツ騎士修道会は、ヴィスワ川下流域に住んでいた異教徒のスラブ系先住民プルーセン人▲に対する征服を開始した。

▼ベルリン　ベルリンは、シュプレー川対岸の双子都市ケルンとともに、ドイツ系商業都市として、スラブ系のシュパンダウ(一一九七年)やケペニック(一二〇九年)に対抗する目的で設置された。ベルリンが初めて古文書に登場するのは一二四四年のことだが、ケルンが一二三七年に登場するため、現在ベルリン市ではこの年号を公式の設立年とする(両市は一三〇七年に合併)。

▼プルーセン人　プルーセン人たちは一二六〇〜七四年の大蜂起をはじめ何度も抵抗を試みたが、修道会の圧倒的な軍事力の前に最終的に屈服させられた。殺戮をまぬがれたプルーセン人たちはキリスト教を受け入れ、ドイツ系ないし周辺地域からきたスラブ系の移民たちと同化していった。

征服に成功した騎士修道会は、その地に、どこか近代を思わせる不思議な国家を建設した。修道士たちは規則により独身を貫いたので、世襲の支配階層を欠いていた。また、領民たちは多様な地域から集まった移民だったので、民族的出自も生活習慣もばらばらだった。

騎士修道会国家は十四世紀に繁栄を極めたが、タンネンベルクの戦い(一四一〇年)でポーランド・リトアニア同盟軍に敗北する。こうして、第二次トルンの和約(一四六六年)により西プロイセンはポーランドに割譲され、東プロイセンはポーランド王の封主権に服することになった。

一五二五年、騎士修道会総長アルプレヒト(一四九〇〜一五六八)は、宗教改革が波及した機会をとらえ、ルター派に改宗して騎士修道会国家を解散・世俗化し、ポーランド王を封主とする世襲のプロイセン公となった。ここで重要なのは、アルプレヒトがホーエンツォレルン家の傍系に属していた、という事実である。このことが、およそ一世紀におよぶ婚姻政策のすえ、ブランデンブルク選帝侯国とプロイセン公国が同君連合となるための最初の布石となった。

カルヴァン派への改宗

宗教改革がホーエンツォレルン家にもたらした影響は、それだけではない。一六〇九年、北西ドイツのユーリヒ・クレーフェ・ベルク連合公国のヨーハン・ヴィルヘルム公が死去すると、遺領の継承をめぐる紛争が勃発した。このユーリヒ・クレーフェ継承戦争▲は、たんなる継承戦争ではなく、宗教戦争の性格をも有した。というのも、ブランデンブルク選帝侯国はヨアヒム二世ヘクトルのときにルター派に改宗（一五三九年）しており、▲対するプファルツ・ノイブルク側はカトリックを奉じていたからである。結局、クサンテン講和条約（一六一四年）によって連合公国は解体され、ブランデンブルクにはルター派諸邦（クレーフェ公国、マルク伯領、ラーフェンスブルク伯領）が、プファルツ・ノイブルクにはカトリック諸邦（ユーリヒ公国、ベルク公国）が与えられた。

こうして飛び地とはいえ北西ドイツに領地をえたホーエンツォレルン家は、オランダと境を接し、その影響を強く受けるようになる。ヨーハン・ジギスムント▲のカルヴァン派改宗（一六一四年）は、その一つの帰結だった。改宗の動機が政治的な判断によるものか、それとも個人的な帰依によるものかは明らかで

▼ユーリヒ・クレーフェ継承戦争　公には子どもがなく、その長姉マリー・エレオノーレはプロイセン公アルブレヒト・フリードリヒに、次姉アンナはプファルツ・ノイブルク公フィリップ・ルートヴィヒにそれぞれ嫁いでいた。そしてアルブレヒト・フリードリヒの長女アンナがブランデンブルク選帝侯ヨーハン・ジギスムントに嫁いでいたことから、ブランデンブルク選帝侯とプファルツ・ノイブルク公がともに継承権を主張する事態となった。

▼ブランデンブルクと宗教改革　ヨアヒム二世ヘクトルの叔父アルブレヒトは、マインツ大司教（選帝侯）の地位をえるためにフッガー家から巨額の借金をし、贖宥状（免罪符）の大々的な販売に踏みきって、ルターの宗教改革を引きおこした。九五箇条の提題では、アルブレヒトが名指しで非難された。

▼ヨーハン・ジギスムント（一五七二〜一六一九）　フリードリヒ大王は『ブランデンブルク家史』（八〇頁参照）で、「この家の歴史は、ヨーハン・ジギスムント以降ようやくおも

しろくなる。というのも、彼が東と西の大きな遺産を継承したからである」と評した。

▼アウクスブルクの宗教和議
「領主の宗教がその領土でおこなわれるべし(cuius regio, eius religio)」の原則が定められ、領主にルター派とカトリックのいずれかを選択する権利が認められた。

▼ポーランド・リトアニア共和国
ポーランド王とリトアニア大公の同君連合で、中世後期から近世初頭にかけての強国の一つ。国王をいただきながらも「共和国」と称されるのは、選挙王政によるためである。国王選挙は、シュラフタ(貴族)による制限選挙でおこなわれた。シュラフタが当時のポーランドおよびリトアニアの全世帯に占める割合は非常に高く、実質的にかなり普通選挙に近いものだったとされる。

ない。ともあれここで選帝侯は、ルター派が多数を占める自身の領民に対してカルヴァン派への改宗を求めない、という重大な決断をくだした。それは、アウクスブルクの宗教和議▲(一五五五年)から逸脱するものであった。

　この決断には伏線があった。ユーリヒ・クレーフェ継承戦争のさなか、一六一一年に、ヨーハン・ジギスムントは、ワルシャワでポーランド・リトアニア共和国▲の王ジグムント三世に臣従礼(オマージュ)を捧げ、プロイセン公アルブレヒト・フリードリヒが死去したさいの公位継承権を承認してもらう見返りに、カトリック領民の保護を約束したのである。プロイセン公国が神聖ローマ帝国に属さない以上、決してこれはアウクスブルク宗教和議からの逸脱ではなかったが、ここですでに「前科」のあったヨーハン・ジギスムントにしてみれば、自身のカルヴァン派改宗にさいして異なる信仰を領民に認めることは、既存の政策の延長にすぎなかったといえるだろう。

　ヨーハン・ジギスムントの治世において、ブランデンブルク選帝侯国は、クレーフェ公国などを西の飛び地として、プロイセン公国を東の飛び地として領有するようになった。そこでは領民が領主の宗教に従うのではなく、自らルター派かカルヴァン派かを選ぶことが許された。さらにプロイセン公国に関しては、カトリックの信仰までもが認められた。こうしてホーエンツォレルン家は、支配者でありながら領邦内の宗教的マイノリティである、という当時のヨーロッパとしては特異なアイデンティティを獲得したのである。

しかし、いみじくもアルプレヒト・フリードリヒが没して同君連合国ブランデンブルク・プロイセンが誕生した一六一八年は、ヨーロッパ全体が宗派に引き裂かれて激しい宗教戦争に突入した年でもあった。三十年戦争である。

大選帝侯フリードリヒ・ヴィルヘルム

三十年戦争の勃発により、ブランデンブルクは新教派のスウェーデン軍と旧教派の皇帝軍に蹂躙《じゅうりん》された。人口は激減し、ブランデンブルクとクレーフェはスウェーデン軍に占領され、プロイセンの再授封すら危ぶまれる惨状だった。

一六四〇年、弱冠二〇歳で即位した選帝侯フリードリヒ・ヴィルヘルム▲は、このような山積する課題の解決に取り組むことになる。四八年のウェストファリア条約でようやく三十年戦争が終結すると、まず取り組んだのは税制を整え

▼フリードリヒ・ヴィルヘルム（一六二〇〜八八）　一六三四年、オーデル河畔のキュストリン城塞で保護されていた一四歳の公子フリードリヒ・ヴィルヘルムは、戦火を避けてオランダに留学した。当時のオランダは黄金期をむかえており、オラニエ公フレデリック・ヘンドリックの家に寄宿した公子は、オランダの進んだ学問・産業・軍事・政治のあり方をおおいに学んだ。しかし、三八年にベルリンに呼びもどされたフリードリヒ・ヴィルヘルムを待っていたのは、国家存亡の危機であった。

▼常備軍　近世ヨーロッパの軍隊は傭兵が一般的であった。選帝侯フリードリヒ・ヴィルヘルムが即位したとき、ブランデンブルク・プロイ

て恒常的な財源を確保し、常備軍と官僚制を整備することであった。
この取り組みには、「ネーデルラント運動」の影響がみられる。ネーデルラント運動とは、ドイツの歴史家ゲルハルト・エストライヒが提唱した概念で、オランダを発信地とする全ヨーロッパ的な思潮であり、リプシウスに代表される新ストア主義がその第一の波、グロティウスに代表される自然法思想がその第二の波であった。全盛期のオランダを肌で感じてきた若き選帝侯が、荒れはてた国を立てなおすための処方箋を新ストア主義に求めたことは、ごく自然な流れだったといえるだろう。実際、選帝侯の側近のほとんどはオランダ人か、オランダ留学経験者で占められていた。

国力を高め実力を蓄えたブランデンブルク・プロイセンは、北の大国スウェーデン王国と東の大国ポーランド・リトアニア共和国との対立(北方戦争)を利用し、両大国を天秤にかけるように同盟の相手を変え、プロイセン公国の主権をかちとった。一六五五年の軍事侵攻でスウェーデンがプロイセン公国を実効支配すると、選帝侯フリードリヒ・ヴィルヘルムはスウェーデンを新たな封主として同盟を締結した。深謀遠慮というより眼前の必要に迫られての同盟だっ

センの軍隊はわずか三〇〇〇人ほどだったが、その晩年には一〇倍の約三万人の規模を誇るようになった。

▼**ユストゥス・リプシウス**(一五四七〜一六〇六)　オランダの文献学者で、新ストア主義の代表的思想家。権威・節度・恒心・紀律といった古代ローマの徳目を近世ヨーロッパに蘇らせ、常備軍と官僚制を二本の柱とする絶対主義的近代国家の制度と、それにふさわしい心性を結びつけて構想した。主著『恒心論』(一五八四年)、『政治学』(一五八九年)。

▼**フーゴー・グロティウス**(一五八三〜一六四五)　オランダの法学者で、「国際法の父」「近代自然法の父」と称される。一一歳でレイデン大学にはいり、一五歳で法学博士、一六歳で弁護士となった。主著『戦争と平和の法』(一六二五年)。

▼**北方戦争**(一六五五〜六一年)　グスタフ二世アドルフの跡を継いだスウェーデン王カール一〇世グスタフと周辺諸国との戦争。これによりスウェーデンは北方の覇権を確立した。

たが、ブランデンブルクの軍隊はめざましい戦果をあげ、同盟相手スウェーデンに強い印象を与えた。選帝侯はこの機を逃さず、スウェーデンの思惑につけ込んで、プロイセン公国の主権を認めさせた(ラビアウ条約)。しかし、ポーランド分割を目論むスウェーデンの野心を警戒した選帝侯は、五七年、ヴェーラウ条約で同盟相手をあっさり変更する。そして、その見返りとして、ポーランド・リトアニア共和国にもプロイセン公国の主権を認めさせることに成功した。こうして、独立主権国家としてのプロイセン公国の地位が、六〇年のオリヴァー講和条約で最終的に確定したのである。

内政の基盤と対外的主権を確保した選帝侯フリードリヒ・ヴィルヘルムの次なる課題は、荒廃した国土の再生であった。種々の規制緩和によって国内外の商取引を促進するとともに、運河や郵便など産業基盤の整備に取り組んだ。とくに運河▲の開削は運送コストの大幅な削減に貢献し、僻地から一転して交通の要衝となったベルリンは経済的に発展した。

一六七二年にオランダ侵略戦争が勃発すると、これに参戦したスウェーデンに対して選帝侯フリードリヒ・ヴィルヘルムは、ベルリン近郊のフェールベリ

▼フリードリヒ・ヴィルヘルム運河　一六六二年から六年がかりで完成したオーデル河とシュプレー川を結ぶ約二七キロの運河。この運河開削によって、ブレスラウからベルリンをへてハンブルクにいたるまで、陸路をはさまない水上交通が可能になった。一八九一年にオーデル・シュプレー運河が完成するまで、ベルリン経済の大動脈であった。

ンの戦い(一六七五年)で勝利をおさめ、「大選帝侯」とたたえられた。この戦争で局地的な戦勝を重ねた大選帝侯は、大陸におけるスウェーデンの影響力の排除に成功した。同時代の人々は、東の大国ポーランド・リトアニア共和国の衰退に続く北の大国スウェーデン王国の凋落《ちょうらく》を印象づけられたことだろう。

とはいえ、これらの旧大国にかわって強国ブランデンブルク・プロイセンが台頭したと考えるのは早計である。たしかに、のちの時代から考えれば大きな転機であった。大選帝侯もおおいに自負するところがあっただろう。実際、この時期に植民地政策▲に乗り出したのは、そのような自負のあらわれといえる。しかし、同時代の視点で客観的にみれば、風前の灯であった弱小国がなんとか危機を乗り切ってローカルなミドルパワーに成り上がった、という程度の話にすぎない。「大選帝侯」というバランスの悪い呼び名には、そのような状況に対する周囲の称賛と揶揄《やゆ》が込められていた。

ポツダム勅令

大選帝侯の治績を語るうえで忘れてはならないのが、一六八五年のポツダム

▼**植民地政策**　大選帝侯は、一六八四年に海軍を設置して植民地政策に乗り出し、一六八二年に設立されたドイツ初の株式会社であるブランデンブルク・アフリカ会社をつうじて、ガーナを拠点とする奴隷三角貿易をおこなった。

勅令である。それは、ブランデンブルク・プロイセンにおける国家理性と宗教的寛容の精神の結合を象徴するできごとであった。

宗派対立を解消するためであれば、フリードリヒ・ヴィルヘルムはときとして権力的手段も辞さなかった。北方戦争が終結してまだ間もない時期、選帝侯は、国内の宗派間対立をやわらげるため、ベルリンの王宮で宗教会議（一六六二年九月〜六三年六月）を開き、新教両派の融和をはかった。この会議で十分な成果がえられなかったことから、選帝侯は寛容令（一六六四年）を発し、新教両派の聖職者に対して説教壇から他宗派の信条を非難することを禁じた。そのさい、有名な讃美歌作者のパウル・ゲルハルトなど、ルター派牧師たちの一部は寛容令の受け入れを拒んだため解任されることになった。

近世ヨーロッパにおける宗教的寛容の問題は、特定の宗派を奉じる君主によって異宗派が迫害されるというかたちで顕在化するのが通例なのだが、この一件がそうであったように、ブランデンブルク・プロイセンでは、しばしば寛容を重んじる君主によって異宗派への寛容が強制された。君主による宗教的「迫害」は、異宗派との共存を拒む臣民に対して向けられたのである。なお当時の感覚からすれば、正しい信仰と寛容は決して両立しないというのが常識であり、ホーエンツォレルン家の政治姿勢はしばしば、臣民から不道徳きわまりないと受け取られていた。

寛容政策は非キリスト教徒にも向けられた。一六七一年五月、選帝侯は、皇帝レオポルト一世によってウィーンを追われた五〇のユダヤ人家族に特許状を与え、ブランデンブルクに移住させた。移住が認められたのは一万ターラー以上の財産のある裕福な家族だけで、彼らには通常の税に加えて毎年の保護税が課され、毛織物取引に従事することが明示的に求められた。しかも滞在許可は二〇年間とされた。▲これらの厳しい条件からは、ユダヤ人に対する根深い差別感情や警戒心と同時に、産業を育成し復興をとげるためには財産と商才のある移民が欠かせない、という選帝侯の政治判断が読み取れるだろう。

このようにみてくると、ポツダム勅令は決して孤立した政治決断ではなく、むしろ一連の寛容政策の流れのなかに位置づけられることがわかる。

一六八五年十月十八日、ユグノー▲への迫害を強めていたフランス王ルイ一四世は、フォンテーヌブロー勅令を布告した。これによって、信仰の自由を定め

▼ベルリンのユダヤ系コミュニティ　滞在許可はのちに延長されたが、高額の延長料が求められた。ユダヤ人には教師と屠畜者を一人ずつ雇うことが許され、墓地も認められた。当初は禁止されていたシナゴーグ(ユダヤ教の会堂)は一七一四年に初めて建設され、九月十四日の落成式には、王妃ゾフィー・ドロテア(二七頁用語解説参照)も参列した。

▼ユグノー　近世フランスにおけるカルヴァン派のこと。ユグノー戦争(一五六二〜九八年)では南西フランスを拠点として、パリの王権と対立した。聖バルテルミの虐殺(一五七二年八月二十四日)では、数千人から数万人のユグノーが虐殺されたとされる。

たアンリ四世のナント勅令(一五九八年)が廃止されたため、難を逃れるべくユグノーの多くが国外に亡命した。大選帝侯は、この動きに対抗して十一月八日(ユリウス暦十月二十九日)にポツダム勅令▲を布告し、税の免除や企業助成など一連の保護政策をともなったユグノーの受け入れを表明した。

こうして約二万人のユグノーがフランスからブランデンブルクに亡命し、そのうち約一万五〇〇〇人がベルリンに移住した。移民がとくに集中したベルリンでは、ユグノーがじつに住民全体の三割を占めたとされる。これにより三十年戦争で荒廃したブランデンブルク・プロイセンは、とくにベルリンを中心として復興と産業発展への確かな歩みを進めることになった。

フリードリヒ一世と王妃ゾフィー・シャルロッテ

一六八八年に即位したブランデンブルク選帝侯フリードリヒ三世は、一七〇一年一月十八日、ケーニヒスベルクで戴冠式をおこない、プロイセン王フリードリヒ一世となった。この王国昇格について、のちにフリードリヒ大王は「虚栄心から空疎な称号を求め、獲得したのであり、実際には何ら勢力が増した訳

▼ポツダム勅令　神学者ジャック・アバディの働きかけで実現したとされる。このとき大選帝侯はオランダおよび皇帝と協調したが、そのさい、皇帝にシュヴィーブス郡(グロガウ公国)と引き換えにシュレージエン継承権を放棄し、さらに対トルコ戦役のために八〇〇〇人の補助部隊を派遣した。ブランデンブルク・プロイセンにおける宗教的寛容の象徴として有名なポツダム勅令だが、よく考えてみると、さほど斬新な政策ではない。選帝侯家と同じカルヴァン派に属するユグノーの保護は、同時代の基準に照らしても当然の政策であり、領民の間でルター派が多数派だったことを考慮すれば、領主による自宗派優遇・他宗派牽制の政策ととらえることすら可能である。むしろ、商工業者の多いユグノーを積極的に受け入れることで、国力の要である人口の増加と産業の育成がはかられ、さらに従来のオランダに加えてフランスからも先進的な技術や文化が流入するようになったことが重要であろう。

●—ユグノーの難民たちをむかえる大選帝侯

●—フリードリヒ一世の戴冠

ではなく、単にその外見を整えたにすぎない」と酷評している。しかし、この「プロイセンにおける王」の称号こそが、寄せ集めの諸邦を一つの国家にまとめあげ、また神聖ローマ帝国とその皇帝からの自由をもたらしたのであり、これらの果実を他の誰よりも享受したのは大王その人だった。凡庸で派手好きな人物というフリードリヒ一世の世評はおそらく妥当だが、結果論としては、この派手好きもまた飛躍のための環境整備に大きく貢献したのである。

　フリードリヒ一世の派手好きは、王妃ゾフィー・シャルロッテ▲の知性とあいまって、ブランデンブルク・プロイセンにおける学芸振興をもたらした。すでに大選帝侯の時代に、グロティウスの自然法・国際法思想をさらに発展させたプーフェンドルフ▲が宮廷修史官・枢密顧問官としてベルリンに招聘《しょうへい》されていたが、この流れは大選帝侯の没後さらに加速した。今やベルリンは「シュプレー河畔のアテネ」として、ささやかながらも国内外の文芸に影響をおよぼしうる文化発信地となった。

　一六八九年にはフランス学院がベルリンに開設され、ユグノーの子弟だけでなく地元住民に対しても充実した教育が提供された。またフランスの王立アカ

▼ゾフィー・シャルロッテ（一六六八〜一七〇五）　ハノーファー選帝侯ゲオルク・フリードリヒの娘で、イギリス王ジョージ一世の妹。ライプニッツと文通するなど学芸への造詣の深さで知られた。王妃のために建設された夏の離宮は、その三六歳での早世を悼んでシャルロッテンブルク宮殿と改称された。

▼ザムエル・プーフェンドルフ（一六三二〜九四）　グロティウスに続く自然法・国際法の大家。レイデン大学で学び、ドイツで最初の自然法講座をハイデルベルク大学哲学部で担当した。主著は『自然法と国際法』（一六七二年）とその要約版『人と市民の義務』（一六七三年）。後者は当時のベストセラーとなり、ヨーロッパ中の大学で講義に用いられ、アメリカ独立やフランス人権宣言（人と市民の権利宣言）にも多大な影響をおよぼした。

デミーを模範として、九六年にはベルリン芸術アカデミーが、一七〇〇年には哲学者ライプニッツを会長にむかえてベルリン科学アカデミーが設立された。一七〇一年に建設が開始されたフランス聖堂▲は、このようなベルリンにおけるフランス文化の受容と開花、そして寛容の精神を象徴するものだった。

　発展したのはベルリンだけではない。ブランデンブルク選帝侯国の学術的拠点はもともとフランクフルト・アン・デア・オーデル大学にあったが、ハレにも新たな拠点が設けられた。一六九〇年、啓蒙主義者で自然法学者のトマジウス▲が顧問官として招聘され、ハレ大学▲の前身となる騎士学院で法学・哲学を講じた。九二年には当時のドイツを代表するローマ法学者シュトリュクが隣国ザクセンのヴィッテンベルク大学から呼びもどされ、トマジウスとともに大学設立(一六九四年)に尽力した。そのさい、一六九一年に招聘されたルター派神学者シュペーナーとその弟子フランケ▲(二〇頁用語解説参照)も大きな役割をはたした。彼らは厳密な教理の解釈よりも内面的信仰を重んずる敬虔《けいけん》主義の立場に立ったが、このことはハレにおいて啓蒙主義が開花する土壌となった。

　ところで、いかに偉大な思想家の著作であっても、それが実際に読まれない

▼フランス聖堂　一七〇五年に完成。ルター派のドイツ聖堂と対をなすカルヴァン派の聖堂として建設された。大王治下の一七八五年に塔が追加されて現在の姿になった。

▼クリスティアン・トマジウス(一六五五〜一七二八)　不信仰・反逆の嫌疑で故郷ライプツィヒを追われた啓蒙主義者・自然法学者。大学において初めてドイツ語で講義した人物としても有名。拷問・死刑に反対し、魔女裁判を激しく非難した。のちに大王は「ドイツの女性が安心して眠れるのはトマジウスのおかげである」と評している。

▼ハレ大学　大選帝侯が一六八五年に設立した騎士学院を母体として一六九四年に設立され、ドイツにおける初期啓蒙主義の拠点となった。一七一七年にはドイツ初の大学病院が設置され、また五四年にはドイツの大学として初めて女性(ドロテーア・クリスティアーネ・エルクスレーベン)に博士号(医学)を授与した。一八一七年にヴィッテンベルク大学と合併。

▼**アウグスト・ヘルマン・フランケ**（一六六三〜一七二七）　神学者・教育者。ハレ大学神学教授として教条的なルター派正統主義者と激しく論争。一六九八年にフランケ財団を設立し、「真の愛の一滴は知識の大海よりも尊い」と主張して、孤児院・学校・工房・薬局までも有する生活共同体を展開した。財団の出版事業部門からは、さまざまな政府刊行物や啓蒙主義的著作が刊行された。

啓蒙主義と敬虔主義の融合　右がトマジウスで左がフランケ。

▼**ジャン・バルベイラク**（一六七四〜一七四四）　フランクフルト・ア

かぎりその影響力はかぎられたものにならざるをえない。十八世紀の啓蒙主義が、やがてフランス革命を生み出すほどの影響力をもちえたのは、それが一部のかぎられた知的エリート層だけが用いるラテン語ではなく、当時の国際共通言語として教養ある市民層に幅広く用いられていたフランス語を使用したからである。その意味において、グロティウスやプーフェンドルフなどラテン語で書かれた自然法に関する法学文献がフランス語に翻訳され、市民層の知的共有財になったことの意義ははかりしれないが、この功績はベルリン在住のユグノーでフランス学院教授バルベイラク▲のものであった。

軍人王フリードリヒ・ヴィルヘルム一世

一七一三年に没したフリードリヒ一世の跡を継いだのは、父母とはまったく対照的に、粗野で吝嗇《りんしょく》な息子フリードリヒ・ヴィルヘルム一世だった。「軍人王」あるいは「兵隊王」の異名をとったこの新王のもとで、プロイセンは一気に軍事国家への道を歩むことになる。ハレ大学の看板教授だったヴォルフ▲を国外追放する一方、長身の兵士を好待遇でかき集めた「ポツダム巨人衛兵隊」を編成するなど、軍人王のもとで「シュプレー河畔のアテネ」はたちまち「北方のスパルタ」に変貌をとげた。もっとも、軍人王の倹約は、必要に迫られてのものでもあった。軍人王が継承した国家は、表面的にこそ繁栄を謳歌していたが、その実態は先王時代の濫費のため財政破綻寸前だったからである。

祖父の大選帝侯が着手した官僚制と常備軍の整備は、軍人王のもとで完成をみた。官僚制に関しては、軍人王のもとで国家試験制度が導入され、生まれながらの身分によらず、また君主ではなく国家のために奉仕する近代的官僚制への道筋がつけられた。常備軍に関しては、カントン制度▲の導入によって地域別に編成された連隊に安定的に兵員が供給されることになった。

一七三三年に完成したカントン制度によって、各地域に駐屯する連隊がその地域の出身者で占められるようになった結果、兵士たちの乱暴狼藉《ろうぜき》に歯止めがかかったことは地域住民にとって歓迎すべき変化であった。兵士たちも同郷仲間にかこまれていることで軍隊生活の不安と緊張がいくらか緩和されただろう。また逃亡兵は前近代の軍隊に共通する悩みだが、その対策として、逃げ帰った兵士の告発ないし代替兵士の提供がそれぞれの地域に義務づけられた。

ン・デア・オーデル大学でハインリヒ・コクツェーイ(ハイデルベルク大学におけるプーフェンドルフの後継者)に学び、一六九三年にベルリンへ移住、フランス学院の教授となった。自身の著作もあるが、それ以上にグロティウス『戦争と平和の法』やプーフェンドルフ『自然法と国際法』『人と市民の義務』をフランス語に翻訳したことで知られる。

▼クリスティアン・ヴォルフ(一六七九〜一七五四)　孔子の思想に傾倒したことで知られる数学者・哲学者・自然法学者。追放を後悔した軍人王から帰国を求められたが応じず、その没後ようやく復職した。

▼カントン制度　各連隊の駐屯地をもとに徴兵区(カントン)の区割りがなされ、必要な兵員はそれぞれの徴兵区内で徴募するという徴兵制度。ベルリンなどの大都市は、軍隊に必要な物品の供給や商取引にともなう間接税収入を考慮して対象からはずされた。農村地域でも、生産の担い手となる土地保有農民の長男のほか、聖職者・教師・医師などの専門職が徴募の対象外とされた。

また帰休兵の制度が設けられ、二年間の兵役を終えたあとは年二カ月間のみの勤務となって、残りは故郷で生業に就くことが許された。これによって、プロイセンは人口に不釣り合いな規模の軍隊を保有することが可能になり、軍人王の治世において常備軍は四万人から八万人に倍増した。フリードリヒ大王時代に最大一九万人に達したともいわれる大規模の軍隊のために安定的に兵員を確保できたのも、軍人王が導入したカントン制度のおかげだった▲。

なお、これほど軍隊の整備に心血をそそいだ軍人王だが、それを本格的な戦闘に投入したことはほとんどない。一七一五年に大北方戦争▲に参戦し、二〇年のストックホルム条約でオーデル河口地域を領土に組み入れることに成功したのは、数少ない例外の一つである。

「偉大な内政王」

ところで、軍人王にはほかにも「偉大な内政王」という異名がある。君主の偉大さはもっぱら対外的関係すなわち外交的軍事的成果ではかられるのが常であることを考えると、この異名もまた「大選帝侯」のように揶揄と皮肉を含ん

▼カントン制度の限界　大規模な軍隊の維持を可能にしたカントン制度であるが、すべての兵士をカントン制度による徴募だけでまかなえたわけではなく、三割程度は依然として外国人傭兵が占めていたとされる。また、平時はともかく戦時になると相変わらず多数の逃亡兵が発生したようである。

▼大北方戦争(一七〇〇〜二一年)　スウェーデンは北東ヨーロッパ諸国の大連合(北方同盟)に敗北し、大国としての地位を喪失した。かわってバルト海の覇権を手にしたロシアが列強の一員として台頭する。

だものというべきだろう。当時のヨーロッパのどの君主よりも軍隊を重視し、国力に比して明らかに過大な規模の軍隊を擁する軍事国家を構築したくせに、その軍隊をほとんど実戦に投入しなかった「引きこもり」の卑小な王ということである。もっとも、軍人王はただ引きこもっていたのではない。

軍人王は華やかな文化振興には無関心で、父母の時代と違って文人や哲学者を冷遇した。哲学者ヴォルフや国法学者モーザー▲の追放はそれを象徴する事例といえるだろう。しかしその一方で、軍人王は実学を重視した。フランクフルト・アン・デア・オーデル大学およびハレ大学に官房学▲の講座を新設したことは、その一例である。また一七一七年に一般的就学義務令▲を発し、五〜一二歳の子どもに対して義務教育を課したことも、同様に考えてよいだろう。

王太子時代の一七〇四〜〇五年にアムステルダムとデン・ハーグに留学した軍人王は、大選帝侯と同じく簡素で実用本位のオランダ文化を愛好した。そのあらわれがポツダムのオランダ人街区である。街区は一七三三〜四二年にオランダの建築家ヤン・ボウマンの指導で整備された。もともとオランダ人の手工業者を集めて住まわせる計画だったが、十分な人数を集めることができず、街

▼ヨーハン・ヤーコプ・モーザー（一七〇一〜八五）　自由主義的な学風で知られる「ドイツ国法学の父」。非常に多作で、五〇〇冊以上の書物を著した。

▼官房学　おもに官僚養成のため絶対主義時代に新たに誕生した学問で、現在の行政学・財政学・経済学はここから分化したとされる。

▼一般的就学義務令　義務教育制度の導入は当時としては非常に画期的だったが、ただちに完全実施されたわけではない。とくに農村部では、財政的理由や無理解のゆえに、冬期のみで、しかも数年のみの就学というケースが多かった。

▼**シャリテ**（慈善病院）　一七一〇年、迫りくるペストの危機に備えるためフリードリヒ一世の命によりベルリン市壁外に設置されたが、ペストがベルリンに到達する前に収束したため、救貧院・陸軍病院として活動した。二七年、軍人王は病院の目的を陸軍病院から民間人のための病院に改め、シャリテ（慈善病院）と改称した。シャリテは、一八一〇年に新設のベルリン大学に編入されてベルリン大学附属病院となった。

区にはフランス人やドイツ人の商人や軍人などが多く入居した。

産業育成のための施策もまた停滞することがなかった。一七一六年、軍人王はハーフェル川／リン川流域の干拓事業に着手した。ハーフェル川は、エルベ川の支流として水上交通を担ったが、とくにベルリン近郊で大きく湾曲して多数の沼沢を生み出していた。またノイルッピン練兵場やラインスベルク宮殿などが位置するリン川は、ハーフェル川の支流として、この湾曲部の内側で網の目のように細かく分岐し、多数の湿地帯を生み出していた。要するに、ブランデンブルクは国土の中核部分を不毛の沼沢地帯・湿地帯におおわれていたのだが、軍人王はこれを耕作可能地に転換しようと試みたのである。

寛容の伝統もまたしかりである。一七〇九年のペスト流行▲によって東プロイセンの人口が激減すると、軍人王はユグノーの誘致によって再植民を進めようとした。ところが一七三一年十月三十一日、ザルツブルク大司教のフィルミアン男爵レオポルト・アントンが領内のプロテスタントを追放したため、軍人王はこれを再植民の好機とみて三二年二月二日の勅令を発し、「キリスト教的国王の憐れみと心からの同情」から宗教難民の受け入れを表明した。当初、想定されていたのは一万人のみの受け入れだったが、軍人王は最終的に無制限の受け入れを決断した。ヨーロッパ中が注目するなか、難民たちは長蛇の列をなしてドイツを縦断してベルリンへと向かい、そこから東プロイセンに移住していった。同じく三二年には、フス派のボヘミア兄弟団の流れを汲むプロテスタントたちもまた故郷を追われたが、軍人王は彼らにも庇護を与え、ベルリン市壁外のリクスドルフにベーメン居住区を設けてそこに移住させた。

プロイセンの伝統

フリードリヒ大王が歴史の舞台に登場するまでのホーエンツォレルン家とプロイセンの歩みは、このようなものであった。

ホーエンツォレルン家は、その本拠地がブランデンブルクという辺境の選帝侯国だったことから、良くも悪くも神聖ローマ帝国の政治にあまり巻き込まれなかった。その傾向は、帝国に属さない東プロイセンを領有し、さらに「プロイセンにおける王」の称号をえたことで、いっそう強まった。またカルヴァン派に改宗したホーエンツォレルン家は、その寛容政策によって宗派対立の時代からいち早くぬけだし、移民・難民の積極的な受け入れによって発展の足掛かりをえた。宗教と民族の両面における寛容の精神は、寒冷な気候で土地が痩せているうえに湿地帯が多く、およそ農耕に不向きなブランデンブルク・プロイセンに、人口の増加と商工業の発展という果実をもたらした。またそれは同時に文化の発展をももたらした。ベルリンとハレは、ヨーロッパ全体に向けて自然法と啓蒙主義を発信する知的中心地にまで成長したのである。他方で、三十年戦争の惨禍と周辺諸国の軍事的圧力は、ホーエンツォレルン家に強靭《きょうじん》な常備軍と効率的な官僚制を整備する必要性を痛感させたが、その産物であるカントン制度や国家試験制度、さらに一般的就学義務制度は、プロイセンにおける身分制の意味を相対化し、近代的な能力主義の先駆けとなった。

フリードリヒ大王は、このようなプロイセンの伝統に制約されつつ、これらを自らの舞台装置として積極的に活用していくことになるだろう。

②——修業時代

幼年時代

一七一二年一月二十四日、ホーエンツォレルン家に待望の男子が誕生した。これより前に生まれた二人の王子はともに乳幼児のうちになくなっていたので、用心のため、誕生を祝うべき祝砲は赤子を驚かせないようひかえられたという。王子は、祖父にあたる当時の国王にちなんでフリードリヒと名付けられた。これがのちの「大王」である。

父であるフリードリヒ・ヴィルヘルムが「軍人王」として即位したのは、その翌年の一七一三年であった。この年に結ばれたユトレヒト講和条約(スペイン継承戦争)によって、プロイセンの王国昇格は国際的に承認された。神聖ローマ帝国の皇帝カール六世が国事詔勅▲を定めたのも、同じ年のことである。

粗野で実用本位の軍人王とは違って、その妻である王妃ゾフィー・ドロテア▲は音楽や芸術を愛好した。王妃と軍人王の間には一四人もの子どもが生まれ、そのうち一〇人が成人したが、それにもかかわらず夫婦はそりが合わなかった

▼国事詔勅(Pragmatische Sanktion)　諸邦の一括相続を定めたハプスブルク家の家法で、男子なき場合に女子による継承も認めた。この規定により、四年後に生まれたマリア・テレジアがカール六世の継承者となった。カール六世は国事詔勅に国際的承認を取りつけようと尽力したが、結局オーストリア継承戦争の勃発を防げなかった。

▼ゾフィー・ドロテア(一六八七〜一七五七)　ブラウンシュヴァイク・リューネブルク選帝侯家(いわゆるハノーファー選帝侯家)に生まれた。一七〇六年に王太子フリードリヒ・ヴィルヘルムと結婚。一六九八年に選帝侯となった父ゲオルクは、一七一四年にジョージ一世としてイングランド国王に即位した。ジョージ一世がイングランドの内政を内閣に一任したことから、「君臨すれども統治せず」というイギリス立憲君主制の伝統が生まれたとされる。

ようである。王妃はベルリンの王宮にほど近いモンビジュー宮殿に好んで滞在したが、そこには秘密の図書室があり、そこでは軍人王が嫌悪する哲学や文学について自由に語り合うことができたという。

　この宮殿をいわば隠れ家として育ったのが、王太子フリードリヒとその姉ヴィルヘルミーネ▲である。後年フリードリヒは、軍人王が子どもたちを「思いどおりにこねあげられる粘土」のように考えていたと述懐している。実際、弟妹たちは父を畏れてか、その教育方針に従順だった。しかし、長姉と長兄は父に反発して母により親しみ、たがいを「心の友」として支え合った。二人は王の目を盗んで詩をつくり、音楽を演奏した。ときに反発し合うこともあったが、一七五八年にヴィルヘルミーネが四九歳の若さでこの世を去るまで、二人は信頼と情愛に満ちた書簡をかわし合った。

ユグノーの傅育官

　幼年時代のフリードリヒを傅育《ふいく》したのはユグノーのラクール夫人▲であった。二～六歳まで母にも等しい庇護者として親しく過ごしたラクール夫人が、フラ

▼バイロイト公妃ヴィルヘルミーネ（一七〇九～五八）　大王の姉で、学芸とりわけ音楽に秀でた。もともと母方の従兄にあたる英皇太子フレデリック・ルイスと婚約していたが、王太子逃亡未遂事件（三四頁参照）に対する一連の処分として、なかば懲罰的に分家筋の公子（のちのブランデンブルク・バイロイト辺境伯フリードリヒ三世）と結婚させられた。もっとも、ともに学芸を愛好した夫婦の間は円満で、大学の設立（一七四二年。現在のエアランゲン・ニュルンベルク大学の前身）やバイロイト辺境伯歌劇場の建設（一七四八年完成）などの文化事業をおこなった。

▼マルテ・ド・ラクール（一六五九～一七四二）　旧姓デュ・ヴァル。最初の夫ド・モンバイユをなくしたあと、ナント勅令廃止にさいしてベルリンに亡命したユグノーで、亡命先で知り合ったド・ラクール大佐と再婚した。ゾフィー・シャルロッテの篤い信頼をえて軍人王の傅育官となり、さらに軍人王によってフリードリヒとその姉ヴィルヘルミーネの傅育官に任じられた。

●姉ヴィルヘルミーネとフリードリヒ　この二人には幼い日の微笑ましい逸話があって、ある日「一緒にお花で遊びましょう」と誘ったヴィルヘルミーネに対し、フリードリヒは「上手に太鼓を叩くほうが役に立つよ」といい返したという。これを聞いた軍人王は喜んで、宮廷画家にこの様子を描かせている。

●フルートを演奏するフリードリヒ大王と自筆譜　長じて優れたフルート奏者となったフリードリヒは、写真の自筆譜のように数多くのフルート協奏曲を残すことになるが、それに劣らず卓越したチェンバロ奏者であったヴィルヘルミーネは、協奏曲にとどまらずオペラ（三幕悲劇「アルゲノーレ」）までも作曲している。

ンス語しか話せず、また詩作を好んだことは、フリードリヒの言語的・文学的成長に大きく影響したと考えてよいだろう。

一七一八年、軍人王は六歳になった王太子のために新たな傅育官を任命した。その教育方針の特徴は、厳格な宗教教育と実学の重視であった。そのため、ラテン語や古代史、また文学や芸術は教育内容からはずされ、かわりにフランス語・ドイツ語と近代史が重視された。さらに数学・地誌・経済に加えて砲術や築城術など軍事学にも親しむことになった。

一日のスケジュールは分刻みで定められ、朝六時ちょうどに起床、朝の祈りをすませてから、すみやかに着替えて顔と手を洗い、髪を整えてもらう間に朝食をとるのだが、ここまでを六時半までに完了させよ、といった具合であった。一日のほとんどは祈りと授業と軍人王の謁見だけで終わった。毎週土曜日の午前にはその週に学んだ内容について試験がおこなわれ、無事に合格すれば午後はようやく自由時間を楽しむことができたが、落第してしまうと自由時間は没収され、補習がおこなわれた。

ところで、軍人王は傅育官として三人の有能な軍人を精選したつもりだったが、ここに大きな誤算があった。フィンク・フォン・フィンケンシュタイン伯およびカルクシュタイン大佐の二人は、たしかに生粋《きっすい》の軍人だった。しかし、デュアン・ド・ジャンダン▲は、もともとフランス学院の教授を務めていた文人であって、大北方戦争に従軍したさいの軍功がたまたま王の目にとまったにすぎなかった。デュアンは、フリードリヒのために軍人王に隠れて四〇〇〇冊もの書物を収集したが、その大部分はフランス語で書かれた著作だった。

　フリードリヒが、将来の統治者に欠かせない軍事・外交・内政の知識を二人の有能な軍人から学んだことは疑いない。しかし、ユグノーであるラクール夫人が幼いフリードリヒに植えつけた寛容の精神と華やかなフランス文化への憧れもまた、同じくユグノーであるデュアンの導きによってフリードリヒの心に深く根付き、その生涯を支える力強い幹となった。

父と子の亀裂

　王太子フリードリヒにとって、息が詰まりそうな日々の慰めは、フランス語で詩作を楽しみ、またフルートを演奏することだった。しかし、これらはいず

▼ジャック・エジド・デュアン・ド・ジャンダン（一六八五～一七四六）　一五歳の堅信式をもって傅育官としての任務が終了したあともフリードリヒと親しく交遊していたが、王太子逃亡未遂事件に対する処分として、辺境の地メーメルに追放された。その後、軍人王の許可をえてブラウンシュヴァイク・ヴォルフェンビュッテル大公国の司書となった。一七四〇年、フリードリヒの即位後三日目に呼びもどされ、四四年にはベルリン科学アカデミーの名誉会員となった。翌四五年、ベルリンに凱旋した大王は、恩師デュアンが死の床にあることを知り、戦勝パレードをいったん中断して見舞った。

一〇歳の少年フリードリヒ

アウグスト強健王(中央)

れも軍人王が厳しく禁じたもので、王太子といえども露見すれば厳しく笞《むち》で打たれた。フリードリヒからすれば、指示されたノルマははたしているのに、なぜささやかな息ぬきすら許されないのか、という不満が募るばかりだった。

不満を感じていたのは、軍人王も同じである。軍人王にしてみれば、フリードリヒは王太子たる自覚に欠けていた。将来の王、それも国力に不相応な軍事力でミドルパワーに成り上がった中途半端な国家の指導者たるもの、内政・外交・軍事において一瞬たりとも隙をみせるわけにはいかない。課題をすませて与えられた自由時間にこそ、自ら進んで、軍事的鍛錬ともなる乗馬や狩猟に励むべきであろう。軍人王は国王にふさわしい資質をそのようにとらえていたので、読書好きで狩猟ぎらいの息子フリードリヒは、どうみても不適格者だった。

そりの合わない父子に決定的な亀裂をもたらしたのは、一七二八年のドレスデン訪問だった。軍人王はフリードリヒをつれて、ザクセン選帝侯＝ポーランド王のアウグスト二世(強健王)を訪れた。ともに神聖ローマ帝国の選帝侯でありながら帝国外の王冠をいただくという似た立場にあり、隣国でもあることから、強健王は軍人王とその息子を歓待した。仮面舞踏会が催され、花火が打ち上げられ、喜劇やバレエが上演された。どれもこれもベルリンの宮廷では厳禁されたものばかりである。軍人王はこのザクセン宮廷の享楽的な雰囲気を嫌悪したが、当時一六歳のフリードリヒは日常とかけ離れた贅沢に目がくらみ、酒色に溺れた挙げ句、性病にかかったとされる。当然ながら激怒した軍人王は、以後、もはや虐待としかいいようのないレベルで息子に厳しくあたった。

　この亀裂はやがて公衆の面前にもさらされた。一七三〇年六月、強健王がツァイトハインで軍事演習を催したさい、軍人王は一四七人の随行者とともに王太子をつれてザクセンを再訪したが、その態度に怒りを覚えた軍人王は、息子の髪をつかんで地面になぎ倒し、何度も打擲《ちょうちゃく》したという。諸外国の使節が集まった面前でのことである。軍人王は息子に、ボロボロの格好のまま閲兵式に参加するように命じた。このスキャンダルはたちまち諸国の宮廷に知れわたった。その晩たえきれなくなったフリードリヒは、イングランドに逃亡▲したいともらした。

　将来は国王となるべき身である王太子に、外交使節の面前でここまでの恥辱を加えることは、明白に国益に反する。即位ののちに諸外国から軽んじられか

▼イングランドへの逃亡　フリードリヒが逃亡先にイングランドを選んだ背景には、母ゾフィー・ドロテアが一七二三年頃から密かに進めていた「二重結婚」、すなわち、ジョージ一世の四人の孫たち（英王子フレデリック・ルイスとその従妹ヴィルヘルミーネ、英王女アミーリアとその従弟フリードリヒ）をたがいに結婚させる計画があった。しかし、王位継承者のもとに輿入れさせてこそ、アミーリアの結婚は英王室にとって意味をもつ。亡命によって廃嫡され継承権をも失うであろう流浪の公子を婿にむかえても、軍人王の敵意と反感を買うだけで国際政治上マイナスにしかならないため、どのみちフリードリヒは厄介者扱いされたことだろう。

ねないからである。これは国家への奉仕を旨とする軍人王らしからぬ行為といわざるをえない。もっとも、フリードリヒに王位を継承させる気がなくなっていたのなら、話はまったく別になる。実際、フリードリヒはこれを王位継承権が近々剝奪されるサインと受けとめた。

王太子逃亡未遂事件

一七三〇年七月十四日から八月二十七日まで軍人王に随行して南西ドイツを歴訪する機会が生じたことをとらえ、フリードリヒは、まずフランスに逃れてからオランダに向かい、イングランドにわたるという計画をたてた。それによれば、まずフリードリヒがアウクスブルク近郊で随行団から離脱する。一四〇キロほど西方のカンシュタットで親友のカッテ少尉▲と合流してから、さらに西へ六〇キロほど進めば、ライン川の渡河地点にいたる。その向こうはフランス領である。この間にもう一人の親友であるカイト少尉▲がオランダに向かい、デン・ハーグでイングランドにわたる船を用意して待機する、というのである。たしかに首都ベルリンの王宮に比べて、旅先ならお付きの者も少なく、ぬけ

▼ハンス・ヘルマン・フォン・カッテ（一七〇四〜三〇）　名門軍人の家系に生まれ、法律家か外交官になることを望んでケーニヒスベルク大学とユトレヒト大学で法学を学んだが、父の意向によりベルリンのジャンダルメン近衛甲騎兵連隊に入隊した。フルート演奏および詩作という共通の趣味をもつ王太子フリードリヒと意気投合した。

▼ペーター・カール・クリストフ・フォン・カイト（一七一一〜五六）　王太子フリードリヒの小姓を務めていたが、軍人王の意向によりヴェーゼルの第三一歩兵連隊に配置換えとなった。王太子逃亡未遂事件では欠席裁判により肖像画が処刑されたが、大王の即位後すぐに許され帰国した。

▼シュタインスフルト　バーデン・ヴュルテンベルク州の村で、ハイデルベルクとハイルブロンのほぼ中間に位置する。現在、一行が宿営した「ヒバリの巣」と呼ばれる木組みの農家は、フリードリヒ博物館となっている。

だすのは容易かもしれない。しかし、計画は実行前からすでに破綻していた。募兵のため南ドイツに派遣されるものと期待していたカッテ少尉が、ベルリンにとめおかれたからである（この時点ではまだ計画はもれていないので、たんなる偶然らしい）。それにもかかわらず、一七三〇年八月五日未明、フリードリヒは逃亡を決行した。その晩、国王一行はシュタインスフルト▲という小村（現在はジンスハイム市の一部）に宿営していた。フランス国境まで約七五キロの地点だから、一日で走りぬけられると判断したのだろう。フリードリヒは、カイト少尉の弟ロベルトに、午前三時に二頭の馬を用意して待つように指示した。しかし、約束の時刻に新調した赤いマントを着て宿舎をぬけだしたフリードリヒを待っていたのは、ロベルトではなく、軍人王から監視役を命じられていたロホウ中佐、ブッデンブローク少将、ヴァルドウ大佐であった▲。

ただ、ロホウ中佐たちは、事を荒立てずになんとか「一八歳の少年による若気の至り」で片付けようとした。実際、一行はなにごともなかったかのようにその日の予定をこなしている。翌六日は日曜日で、国王は随行者たちをつれて礼拝のため教会に向かった。ところがその途中、良心の呵責にたえかねたロベ

▼逃亡計画の露見　ロホウ少佐は、八月五日未明の逃亡計画を事前に把握していた。ベルリンのカッテ少尉は、エアランゲンで募兵に従事していた従兄の騎兵大尉に、王太子との手紙のやりとりを託していた。七月二十三日、アンスバッハ城で王太子に面会した騎兵大尉は、鞍馬を用意してジンスハイムに来るよう頼まれたことで、王太子が従弟のかわりに自分を使って逃亡を画策していると察した。大きな誤算は、騎兵大尉が国王へのゆるぎない忠誠心をもっていたことである。七月二十九日、フリードリヒがカイト少尉とカッテ少尉に宛てた手紙をこの騎兵大尉に託したことで、命運は定まった。騎兵大尉から緊急通報を受けたロホウ中佐は、ただちに上司であるブッデンブローク少将に報告した。騎兵大尉はこれ以上事態に巻き込まれないように、仮病を使って任地にとどまった。こうして八月四日、軍人王一行がシュタインスフルト村を宿営地に定めたとき、すでに警備はかためられ、知らぬは王太子ばかりという状況になっていた。

ルトが、軍人王に事のしだいを打ち明けてしまった。このとき軍人王は「とっくにパリにいるものと思っていたが」と王太子を皮肉ったとされる。とはいえ、この時点ではまだ軍人王もさほど事を重大視していなかった。警備の強化を指示しただけで、その後も粛々と旅程をこなし続けたからである。

王太子は現場を押さえられたあとも自由に行動できたので、カイト少尉に「身を隠せ、全ては露見した」というメモを書き送ることができた。これを受け取ったカイトは、六日のうちにアムステルダムに逃れイングランドに亡命した。しかし、この亡命は事態を一変させた。八月十二日、すべての旅程を終えた一行がヴェーゼル城塞に到着したとき、軍人王は、カイト少尉の亡命を知った。王太子を尋問した軍人王は、城塞司令官があわてて押しとどめなければ、激昂のあまり息子を刺し殺すところであった。

カッテ少尉はこの間もベルリンで普段どおりの勤務を続けていたが、八月十六日、ジャンダルメン連隊▲に軍人王の指示が届き、共謀者として逮捕された。

▼ジャンダルメン近衛甲騎兵連隊（第一〇騎兵連隊）　一六八八年に創設された精鋭部隊で、大王の数々の戦役に主力として投入された。フランス聖堂のおかれた広場が現在「ジャンダルメン広場」と呼ばれるのは、かつて連隊がここに駐屯したためである。

ユーリヒ・ベルク継承問題

なぜ軍人王はカイト少尉の亡命を知って激昂したのだろうか。

皮肉をいう余裕があったときの軍人王は、ロホウ中佐たちと同じく、この一件を「若気の至り」ととらえていた。なんらかの懲罰は必要であるにせよ、柔弱な息子には大それたことなどできない、と高をくくっていたのだ。すべての旅程を終えるまで誰一人逮捕されなかったのは、その証拠である。しかし、共謀者がそれもイングランドに亡命したという事実は重かった。軍人王はそこに英仏の謀略をみてとり、衝撃を受けた。

一七二〇年代後半から晩年まで、軍人王の外交政策はすべてユーリヒ・ベルク両公国の継承問題▲を中心にまわっていた。ベルリンの宮廷内では、国務大臣グルンプコウを中心とする皇帝派と王妃を中心とする英仏派が激しく対立した。継承への支持を取りつけようと、軍人王はいったん英仏に接近したが、じゅうぶんな支持がえられないとみると、今度は皇帝に接近した。ときの皇帝カール六世は、娘マリア・テレジアにハプスブルク家領を一括継承させるため、国事詔勅の承認を求めていた。そこで軍人王は「ドイツの君侯と結婚すること」を

▼ユーリヒ・ベルク継承問題　ブランデンブルク選帝侯ヨーハン・ジギスムントは、ユーリヒ・クレーフェ継承戦争の結果、クレーフェ公国その他の西方領土を獲得したが、カトリック信徒が多いユーリヒ・ベルク両公国については、プファルツ・ノイブルク家の領有を容認せざるをえなかった。ところが、ここにきてプファルツ・ノイブルク家の断絶が確実となり、ふたたびユーリヒ・ベルク両公国の継承問題が発生したのである。

条件にこれを受け入れ、さらにユーリヒ公国の継承について譲歩したうえで、ベルク公国継承の承認を求めた。

こうして一七二八年十二月二十三日、軍人王と皇帝の間でベルリン条約が締結された。このときすでにプファルツ・ズルツバハ家にユーリヒ・ベルク全体の継承を密約していた皇帝は、軍人王の要求事項をベルリン条約の本文ではなく付帯議定書に盛り込ませ、さらに「ベルク公国またはこれと同等の代替領」と記載させた。要するに皇帝のほうが一枚も二枚も上手だった。

軍人王による一七三〇年の南西ドイツ歴訪には、散在する領地の巡検や名所旧跡の見聞などいくつかの目的があったが、南西ドイツの諸邦に親皇帝政策、とくに国事詔勅の承認を働きかけることも、その一つであった。王太子逃亡未遂事件が起きたのは、この旅の途上であり、しかもフランスを経由してイングランドへ亡命する計画であった。実際、共謀者であるカイト少尉はイングランドに亡命した。グルンプコウはこのことを政治的に最大限に利用し、王太子を巻き込んだ英仏派による陰謀として軍人王に印象づけたのである。

▼**クリスティアン・オットー・ミュリウス**（一六七八〜一七六〇）　ハレ大学とライプツィヒ大学で法学を学び、枢密司法顧問官・王室裁判所長官などを歴任。一七二三年に軍法会議法務長官に就任し、王太子逃亡未遂事件の審理をおこなった。フランケの敬虔主義に傾倒したミュリウスは、軍紀の規定がそれを許すかぎり

査問委員会

逮捕・拘禁された王太子フリードリヒは、八月二十三日から九月四日にかけて、厳重な警備のもとオーデル河畔のキュストリン城塞へ移された。そのさい、ベルリンへ帰還する軍人王に随行するのではなく、別ルートで移動させられたことからも、被疑者として扱われた様子がうかがわれる。

キュストリン城塞に到着した王太子に対して、九月十六日まで国務大臣グルンプコウを委員長とする厳しい査問がとりおこなわれた。王太子の査問は一八五項目におよび、このうち一七八項目は熟達した法律家ミュリウス▲が用意したが、第一七九項以降の七項目は軍人王が自ら追記した。ミュリウスの査問項目は、軍人として中佐の地位にあった王太子フリードリヒの行為が脱走罪▲の構成要件に該当するか否かという法的問題にしぼったものだったが、軍人王の査問項目は、王位継承者としての資質そのものを直接、間接に問うものだった。

当意即妙の才をおおいに発揮したフリードリヒに、査問委員会は舌を巻いた。査問第一八〇項「名誉に反し脱走を謀議した者はいかに処罰されるべきか」に対しては「自分が名誉に反したと考えておりません」と答え、さらに第一八三

キリスト教的慈愛を重んじる傾向にあった。三七～五五年にミュリウスが編集・刊行した『マルク勅法集成(MCC)』全六巻は、ブランデンブルクの法令を初めて一覧可能とし、のちのプロイセン一般ラント法(一七九四年)によるブランデンブルク・プロイセンの法的統一に大きく貢献した。

▼脱走罪　脱走罪の立証はもとより困難だった。プロイセンの軍紀では、将校身分にある者が連隊を無断で離脱しても「脱走」で処罰されることはなく、「不出頭」として一定の猶予がなされたからである。将校が「脱走」で処罰されるのは、自発的な帰隊を拒んだ場合にかぎられた。フリードリヒ「中佐」は、ロホウ中佐らにみつかるとおとなしく逃亡をあきらめ、逮捕もされず自発的に宿舎にもどったのだから、どう考えても「脱走」で処罰されるべき理由がなかった。実際、「国外に逃亡し、脱走することを決意していたか」という査問第四〇項に対して、王太子は「勤務を放棄する意図はなく、しばらく離れようとしただけです」と答えている。

項で「汝は領邦君主となる資格を有するか」と問われると、「何人《なんぴと》も自分自身の裁判官となることはできません」と返した。

しかし、フリードリヒはしだいに追い込まれた。命が惜しいかと問い詰められた第一八四項で、フリードリヒは「国王陛下の慈悲におまかせします」と答えるしかなかった。とどめは最後の第一八五項である。名誉を失うことで継承が不可能となったとき、金印勅書の定めにより帝国議会の承認をえたうえで弟アウグスト・ヴィルヘルムに継承者たる地位を譲り、自らは「継承を辞退することで命を長らえようと思うか」と問われたとき、それが査問の形式をとった軍人王の強い意思表示であることを、その場にいた誰もが悟った。

こうして王太子の査問は終了した。調書には、フリードリヒの嘆願書が添付された。しかし、軍人王はこの嘆願書を破り捨て、さらに監視を強化するように命じた。王太子の愛馬や蔵書はすべて処分され、恩師デュアンはメーメルに追放された。いっさいの情報を遮断され完全に隔離されたフリードリヒは精神的においつめられ、取り調べを再開してほしい、王がそれで満足するのなら継承権も喜んで放棄する、死刑になるのなら早く教えてほしい、とまで訴えた。

▼**グスタフ・フリードリヒ・ゲルベット**(一六八六〜?)　プロイセンの法律家。ハレ大学で法学を学び、軍法会議法務官・王室裁判所判事を歴任し、一七三三年に検事総長となるが、三九年秋に服務規律違反で免職、城塞禁固刑に処せられた。

ヴスターハウゼン城

ケペニック城の軍法会議

十月二十二日、軍人王はシューレンベルク中将を裁判長、法務長官ミュリウスおよび王室裁判所刑事部判事ゲルベット▲の両名を書記に任命し、ベルリン郊外のケペニック城で軍法会議を開催すると宣言した。一五人の陪席判事はすべて生粋の職業軍人で、大尉三人、少佐三人、中佐三人(うち一人はジャンダルメン連隊所属)、大佐三人、少将三人が選ばれた。

ちなみに軍人王のもとには、皇帝カール六世をはじめ、ポーランド王やスウェーデン王などから王太子の助命嘆願書が届いていた。これらはもちろん、いずれフリードリヒが即位したさいに恩を着せようという見え透いた政治的思惑によるものである。厳罰主義に立つゲルベットと穏健な法解釈を求めるミュリウスの法的議論を傾聴しながら粛々と審理を進めるプロイセンの軍法会議にとっては、まったく考慮に値しない、ただの雑音にすぎなかった。

こうして審理は二十五日に始まり、二十八日まで続いた。軍人王はその場に臨席せず、二〇キロほど離れたヴスターハウゼン城に滞在した。臨席しなかったのは、純粋な法的判断による判決という体裁を重んじたからだが、厳正な処罰がくだされると確信してのことだったであろう。

しかし、軍法会議は軍人王の期待に反して、王太子の処遇は「国政および王家の問題」にほかならず、たんなる軍紀違反の問題ではないので、本法廷には管轄権がない、と結論づけた。これに対して、共謀者のカッテ少尉については管轄権を認めたものの、終身の城塞禁固刑に処すべしと判示した。亡命したカイト少尉には軍法会議への出頭が命じられ、さもなくば肖像を絞首台にかけるべし、とした。ほかにも計画に関与した者として、シュペーン少尉が免職および三年の城塞禁固、インガースレーベン少尉は半年(ただし逮捕拘禁下にあった二カ月間を含む)の城塞禁固と定められた。

ヴスターハウゼン城の「大権判決」

翌二十九日、軍法会議がまとめた判決文を一読した軍人王は、その欄外に「羽根ぼうき(Flederwisch)」と呼ばれる、有名な書き込み▲をした。軍法会議は粛々と法を宣告すべきである。カッテ少尉の関与が明白である以上、軍法会議は再度招集され、異なる判決をくださねばならない、と。

▼大権判決と裁可権　君主が国王大権にもとづいて判決をくだすことを通常の司法判決と対比して「大権判決」というが、前近代のヨーロッパでは一般に違法とも不当とも考えられていなかった。汚職や依怙贔屓にまみれた金持ちの味方というのが法律家の一般的イメージだったので、当時の庶民感覚としては、裁判官よりも王様に裁いてもらいたい、というのが普通だったからである。実際、ミュリウスのような第一級の裁判官はまだ少なく、清廉かつ有能な人材を下級の裁判所まで行きわたらせるには人材不足だった。この「大権判決」の一種として、当時のドイツ諸邦の多くでは、重大犯罪について裁可権という制度があり、君主の裁可をへて初めて、裁判所の判決に効力が生じた。判決の裁可にあたって、君主は刑罰を加重したり軽減したりできた。つまり、裁可がくだされる前の「判決」は、法律の専門家たちによって用意された「判決提案」にすぎなかった。軍法会議も裁判所の一種だから、十一月二十八日の判決「提案」はヴスターハウゼン城に送られ、軍人王の裁可をあおぐことになった。

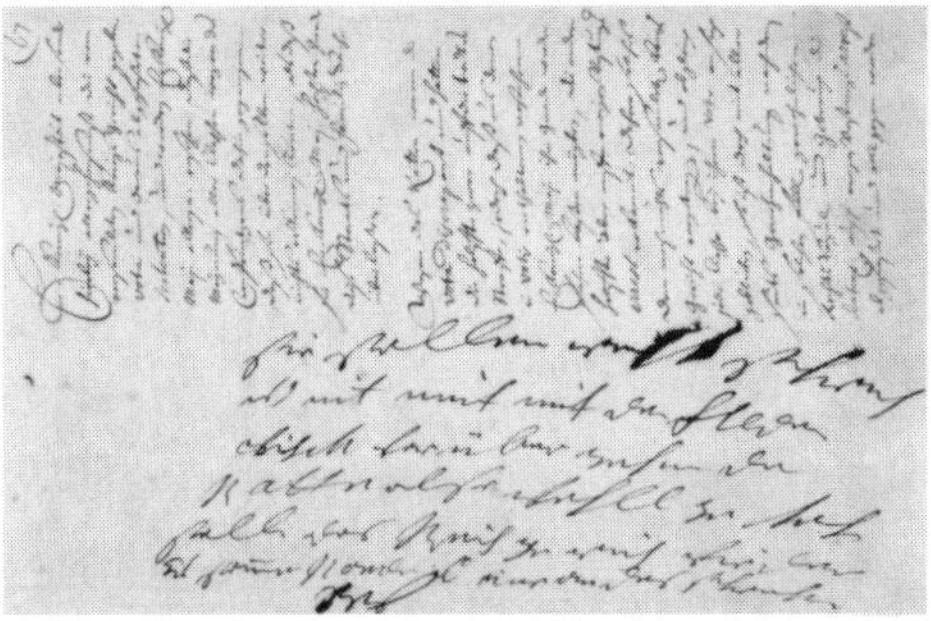

軍人王の「大権判決」

ところが、政治的状況にまどわされず粛々と法を宣告したと自負していた軍法会議は、十月三十一日、見解を改めることなく同じ判決案を国王に提示した。

翌十一月一日、軍人王はヴスターハウゼン城で軍法会議の判決提案を裁可した。カイト少尉およびシュペーン少尉については提案が承認され、インガースレーベン少尉には恩赦が与えられたが、カッテ少尉には死刑がくだされた。王太子の処遇にはなんら言及がなかったので、管轄権がないとする軍法会議の見解は、暗黙の同意をえたことになる。

このとき軍人王は、カッテ少尉の罪をたんなる脱走罪とは考えず「将来の太陽を脱走せしめんと謀った」、つまり国家から王太子を奪おうとした「大逆罪」と位置づけた。カッテ家やその縁戚ロホウ家はプロイセンの名門貴族であり、王のもとには少尉の助命嘆願書が殺到していた。国家を支える有能な軍人・官僚を多数輩出していたカッテ家の一員の処刑は、家族や王太子にとっていうまでもなく悲劇だったが、軍人王にとっても苦渋の決断だった。▲

軍人王はここで「fiat justitia et pereat mundus」というラテン語の格言を引用している。一般に「世界滅ぶとも正義行われよ」と訳されるが、やや場違い

▼ハンス・ハインリヒ・フォン・カッテ（一六八一〜一七四二）　名門貴族出身の軍人。息子の処刑で悲嘆にくれる父親を気遣い、軍人王は翌一七三一年に黒鷲勲章を授け、中将に昇進させた。フリードリヒも即位後すぐに、かつての親友の父を元帥に昇進させ、伯爵の身分を授けた。

カッテ少尉の処刑　十一月三日の官房令で軍人王はカッテ少尉の処刑方法を具体的に指示した。処刑の場所は王太子が拘禁されている部屋の窓の正面とされ、「そこに十分な場所がなければ、王太子が窓からよく見られる別の場所で」と付記されたように、これは実質的に王太子に対する「刑罰」だった。左の挿絵のように王太子が処刑される親友と最後の言葉をかわし、斬られた首が地面に転がり落ちるのを見て気を失った、と一般に思われているが、事実に反する。十一月六日の処刑が部屋の窓の前でおこなわれなかったことは、「十分な場所がなければ」という箇所の欄外に、城塞指令官の「然り」という書き込みがあるので確実である。また一五〇人の駐屯兵に加えてジャンダルメン連隊から三〇人が参列したことから場所はかなり限定され、このうち王太子の部屋に近い場所は一ヵ所しかないが、城塞の平面図で確認すると、そこは死角で窓から見えない。それゆえ、王太子は首の落ちるところを見ていない。ただ、処刑場へ向かうカッテ少尉と窓越しに最後の言葉をかわしたというのは、おそらく事実だろう。

に思えるかもしれない。じつは、この格言はもともと十五世紀の教皇ハドリアヌス六世の「たとえ名門一族が破滅しようとも」という決意を示した言葉に由来する。そして、軍人王にとって正義とは、なによりも国家の安寧であった。「カッテ家の一員を処刑するのは忍びない。それでも国家の安寧を守るために事態を収拾せねばならない」。これが軍人王の本意であった。

フリードリヒの復権

王太子逃亡未遂事件を振り返ってみると、たんなる「若気の至り」がここまでエスカレートしたのは、カイト少尉の亡命を政治利用した皇帝派の暗躍が原因だった。それがなければ、「不出頭」のカイト少尉は「自主的に」帰国し、せいぜい連隊長からの譴責《けんせき》ですんだだろう。そもそも連隊を離れてすらいなかったカッテ少尉にいたっては、おとがめなしになったはずである。

冷静さを取り戻した軍人王には、息子との亀裂を致命的なまでに広げ、前途有望な軍人を失わしめた皇帝派がいまいましく思えたが、国務大臣グルンプコウは今後も「汚れ役」として必要だった。それゆえ、背後にあるウィーン宮廷

キュストリン政庁で勤務するフリードリヒ

▼クリストフ・ヴェルナー・ヒレ（?～一七四〇）　軍人王治下で活躍したもっとも有能な官僚の一人で、当時のプロイセンの産業政策に大きな影響をおよぼした。農業保護が貴族保護を意味した時代に、市民層王体の商工業を積極的に推進した。

への警戒心は、この事件をへてかえって強まった。

カッテ少尉の処刑からわずか二週間後に拘禁条件がゆるめられたのは、その証拠である。フリードリヒは改めて誠実宣誓をおこない、軍人としての名誉の証である剣を返された。つねに監視下におかれ、面会も手紙も禁止という軟禁状態ではあったが、キュストリンで地域の行財政を統括する軍事・御領地局で勤務することが認められた。当時の局長ヒレ▲は、哲学の素養もあったことから王太子とすぐにうちとけ、将来の国王に商業政策を主軸とする官房学を徹底的に教えこんだ。フリードリヒはヒレの学識をみるみる吸収し、一七三一年には「シュレージエンとの交易案」を作成して軍人王に提出するまでになった。ちなみに、このヒレの影響が顕著にみられる企画書は、プロイセン経済に対するシュレージエンの重要性を力説しているという点でも、興味深い。

冷静さを取り戻したフリードリヒもまた、世間から隔絶させられ、親友を失わしめた皇帝派を憎んだことだろう。軍人王との和解に尽力してくれたことを知って王太子がグルンプコウを許すまでには少し時間を要したが、そのころまでには、英仏派と皇帝派の宮廷内対立こそ諸悪の根源であることを悟っていた

父と子の和解

▼エリザベート・クリスティーネ（一七一五〜九七）　ラインスベルク時代を除くと、五四年におよぶ結婚のほとんどが別居生活だった。また母后ゾフィー・ドロテアが一七五七年に没するまで、王妃でありながら序列第二位におかれるなど、夫から冷遇された。しかしながら、七年戦争後の「老フリッツ」が夏はサンスーシ宮殿、冬はポツダム王宮で政務に没頭できたのは、王妃が夏はシェーンハウゼン宮殿、冬はベルリン王宮で宮廷関連のあらゆる行事を一手に引き受けてくれたからであり、このことはもっと評価されてよい。

に違いない。下心に満ちた助命嘆願書を送りつけて軍人王を後戻りできなくした皇帝であれ、嫌疑がかかっていたとはいえ嘆願書もよこさなかった英仏（英国王ジョージ二世はじつの伯父だというのに！）であれ、国際政治において心から信頼できる相手など存在しない。頼りになるのは自分の国だけであり、その宮廷が派閥争いをしているようでは話にならない。フリードリヒはこの事件をつうじて、そのことを痛感したであろう。

　一七三一年八月十五日、軍人王がキュストリンを訪れた。何百人もの人々が見守るなか、フリードリヒは地面にひざまずいて涙を流し、父の足にキスして忠誠を誓った。父は息子を抱いて許した。

　こうして自由を回復したフリードリヒは、十一月に催された姉ヴィルヘルミーネとバイロイト伯との結婚式に参列を許され、久しぶりにベルリンにもどった。翌年三月には皇帝カール六世の姪にあたるブラウンシュヴァイク・ベーベルン侯女エリザベート・クリスティーネ▲と婚約、六月十二日に結婚した。

③—大王への道

ユグノー歩兵連隊

一七三二年、軍務復帰を認められた王太子フリードリヒは、第一五歩兵連隊をまかされた。この連隊は、翌三三年に駐屯地をヴェーゼルからノイルッピンに移し、王太子付連隊として本格的に始動した。以後フリードリヒは、午前は軍務に精励し、午後は読書と音楽に勤しむ充実した日々を送ることになる。

すでに述べたように、大選帝侯のポツダム勅令を受けて、ブランデンブルクには多数のユグノーが亡命した。その多くは商工業者だったが、軍務を希望する者もいたため、彼らの受け入れ先として創設されたのが、第一三歩兵連隊（一六八五年）および著名な文学者クライスト▲も所属した第一五歩兵連隊（一六八八年）である。すなわち、フリードリヒが連隊長としてその任に就いたのは、ユグノーが構成員の三分の一を占める連隊だった。即位後のフリードリヒは、この手塩にかけた連隊をポツダムに移して近衛歩兵連隊▲とし、一七八六年に没するまで大王直属の精鋭部隊として、自らその連隊長の地位にあった。

▼ハインリヒ・フォン・クライスト（一七七七〜一八一一）　軍人の家系に生まれたドイツの文学者。第一五歩兵連隊に大王の没後一七九二〜九九年まで所属した。不当な判決に泣き寝入りせず、国家を相手どってフェーデ（実力行使による自力救済）を敢行してでも権利の回復を求めた、実在の商人ハンス・コールハーゼをモデルとした小説『ミヒャエル・コールハースの運命』（一八一〇年）は、十九世紀の法学者イェーリングの『権利のための闘争』にインスピレーションを与え、川島武宜『日本人の法意識』をつうじて戦後日本の法学に影響をおよぼした。

▼近衛歩兵連隊　軍人王も王太子時代に指揮した第六歩兵連隊を近衛連隊とし、没するまで自らその連隊長の地位にあった。六フィート（当時のプロイセンの度量衡では約一八八センチ）以上の長身の兵士を集めたポツダム巨人衛兵隊のことである。

▼**ポーランド継承戦争**（一七三三～三八年）　強健王の没後、その息子であるザクセン選帝侯フリードリヒ・アウグスト二世を支持する皇帝、ロシアと、ポーランド貴族スタニスワフ・レシチニスキを支持するフランス、スウェーデンとの間でおこなわれた戦争。実質的な戦闘は一七三五年までに収束していたが、ウィーン講和条約が締結され戦争が正式に終結したのは三八年のことである。写真はポーランド継承戦争に従軍したフリードリヒのメモ。

ポーランド継承戦争

ポーランド王とザクセン選帝侯をかねた強健王が一七三三年に没すると、ポーランド王位をめぐってポーランド継承戦争▲が勃発した。ベルリン条約の規定に従って、軍人王は一万の軍を率い、皇帝側で参戦した。すでに述べたように、この条約はベルク公国継承を念頭においたものであったから、当然ながらプロイセンは、東に向かってポーランド国内で戦うのではなく、西に向かってライン川方面軍に加わり、フランス軍と対峙した。

一七三四年の夏には王太子フリードリヒも出陣を志願し、軍人王とともにサヴォイア公子オイゲンの本営に加わった。このとき歴戦の名将オイゲンから実地で戦術戦略を学んだ、とのちにフリードリヒは回顧しているが、真実かどうか疑わしい。当時、高齢でしかも健康を害していたオイゲンは、失態を繰り返すばかりで解任の瀬戸際にすらあった。フリードリヒがそこで学んだ「実践的知識」はむしろ、老いて気力を失った指揮官に導かれ、士気も紀律も欠いた落日のオーストリア軍の姿ではなかっただろうか。

ところで、オイゲンの苦戦の一因は彼我の兵力差にもあったので、軍人王はさらに四万を加えた総勢五万の軍を提供したいと皇帝に申し出た。もちろん、条約で認められたベルク公国の継承をより確実にしようと目論《もくろ》んでのことである。ところが、二枚舌を使っていた皇帝カール六世は、プファルツ・ズルツバハ家との密約を優先するべく、この提案を拒否し、ロシア軍に帝国内を横断してライン川方面戦線に加わることを認めた。皇帝カール六世に対する軍人王の不信の念は、ますます深まった。

すべてが明らかとなったのは、一七三八年である。皇帝は、英仏蘭と協調して、軍人王にベルク公国継承の断念を公然と要求した。これら四大国の裁定にまかせよという屈辱的要求こそ拒否したものの、ミドルパワーにすぎないプロイセンには、それ以上なにもできなかった。ようやく皇帝に欺かれたことを知った軍人王は、翌年フランスとヴェルサイユで条約を結び、ベルク公国(首都デュッセルドルフを除く)の継承を容認させることで、わずかな望みを次代に託した。

東プロイセン巡察

軍人王もこのころ、痛風と水腫の悪化に苦しんでいた。一七三四年秋に戦列を離れて帰国した軍人王は、いったん死を覚悟したという。軍人王は、一カ月ほど遅れて帰国したフリードリヒを病床にまねいて国政上のアドバイスをあれこれ与えたが、このときは奇跡的に回復をみた。姉ヴィルヘルミーネに宛てた手紙をみるかぎり、王位継承が遠のいてフリードリヒは少なからず失望したようである。とはいえ、数十年後「即位までに備えができていること」を王太子教育の目標に掲げたフリードリヒも、この時点では、自身を省みてなんらの備えもできていないことを痛感させられた。このあと、ひときわ熱心に国政全般を学ぶようになったことはいうまでもない。

フリードリヒは一七三五年九月に再度の出陣を願い出たが、軍人王はこれを許可しなかった。かつて柔弱な息子と嫌悪していたフリードリヒがせっかく出陣を志願したというのに、なぜだろうか。九月六日付の軍人王の手紙を見ると、昨年と同じくこの年も軍事的成果が期待できそうにないので、無駄な出費は慎んで来年以降に備えよう、かわりに五～六週間ほど東プロイセンを巡察し、いずれ統治すべき都市や農村を自分の眼で観察し、いまだ復興途上にある現地の苦難を知り、さらに軍事・御料地局や連隊を視察してくるように、とある。

この手紙からは、皇帝への不信感と、息子に国政の実地研修の機会を与えたいという意向の両方が読み取れる。その思いはフリードリヒにも伝わり、翌七日の返信で、来年こそは出陣をと念押ししながらも、巡察を承諾した。旅先からこまめに送られてくる報告▲は、鋭い観察力や的確な現場指示を示すものであったから、王太子に対する軍人王の信頼はようやく確かなものとなった。

フリードリヒのほうも、この巡察をつうじて難民たちによる再植民の苦労を肌身に感じることができ、統治が誰のためにおこなわれねばならないか、深く胸に刻んだ。また同時に、父の偉大さを実感した旅でもあった。後年、フリードリヒはヴォルテール▲に宛てて「このような荒れ地を開拓して植民し、そこを富ませ幸福にした王の事業は実に英雄的なものといえます」と書き送っている。

ラインスベルク宮殿

一七三六年初秋、フリードリヒは王太子妃エリザベート・クリスティーネを

▼巡察の内容　フリードリヒが役人の責任を問い、困窮者に倉庫の穀物を提供させ、水車の建造や農地改良のための排水溝整備などを始めさせたこと、また学校設備の改善を促し、連隊の問題点を指摘したことを高く評価した軍人王は「会って詳しい話を聞くのが楽しみだ」と書き送った。また、現地の苦労を知らせるため王太子が報告書にそえたパンと穀物を見て、軍人王は「パンが粗悪なのは穀物のせいだが、穀物が粗悪なのは民のせいではない」と述懐している。

▼ヴォルテール（一六九四〜一七七八）　「フェルネーの長老」「哲学者の王」などと称されたフランスの啓蒙主義者。本名はフランソワ・マリー・アルエ。一七六二年にユグノーのジャン・カラスが冤罪で処刑（カラス事件）されると、翌年『寛容論』を発表して論陣を張り、六五年の再審で無罪判決と名誉回復をかちとった。他に代表作として『哲学書簡』（一七三四年）、『ルイ一四世の時代』（一七五一年）、『諸民族の風俗と精神について』（一七五六年）など。

ラインスベルク宮殿

ベルリンから呼び寄せ、勤務地ノイルッピンから二〇キロほど北に位置する、湖と森にかこまれた静かな古城ラインスベルクに移り住んだ。ノイルッピンもラインスベルクも、軍人王が干拓に取り組んできたリン川流域の小都市である。フリードリヒはノイルッピンに駐屯してほどなくこの古城を知り、ぜひここに宮殿をかまえたいと王に願い出ていたのだった。

　こうしてフリードリヒがのちに「人生でもっとも幸福な三年間」と呼ぶことになるラインスベルク時代が始まった。もっとも、軍人王から贈られた五万ターラーでは購入価格の七万五〇〇〇ターラーに足りず、王太子妃の持参金から残りが支払われた。ベルリンの王宮から八〇キロという距離は、そのまま軍人王の信頼の証であったが、同時にそれは、夫婦水入らずの田舎生活で早く跡継ぎを、という無言の圧力でもあった。

　結局、二人の間に子どもが生まれることはなかったが、この三年間は王太子妃エリザベート・クリスティーネにとっても「人生でもっとも幸福な三年間」となった。即位後のフリードリヒは、民衆の眼にふれる日曜礼拝のときこそ王妃と仲よく並んでみせたが、そのほかはほとんど省みなくなる。しかし、ラインスベルク時代は、夫婦揃って仲睦まじく暮らした。細やかでおだやかな性格のエリザベート・クリスティーネは、静かな田舎暮らしでこそ、フリードリヒに寄り添うことができた。

荒れた古城をフランス風バロック建築の宮殿に仕上げたのは、当時イタリアからもどったばかりの建築家クノーベルスドルフ▲である。宮殿の改築整備費用はかさみ、生活に必要な諸経費や連隊長として負担すべき連隊運営費とあいまって、財政的には決して楽でなかったが、かわりに自由がそこにあった。

啓蒙思想の形成

自由を手にしたラインスベルク時代、フリードリヒは多くの書物を読み、多くの文人と交友した。「玉座の哲人」となるフリードリヒの啓蒙思想が形成されたのは、まさにこの時期である。

そのさい、いわば「読書案内」として極めて大きな意味をもったのは、一七三三年に受贈したジョン・ロック『教育に関する考察』(一六九三年)のフランス語訳である。ロックがこの著作であげた文献の多くをフリードリヒは複数所

▼ゲオルク・ヴェンツェスラウス・フォン・クノーベルスドルフ(一六九九～一七五三)　ラインスベルク宮殿のほか、シャルロッテンブルク宮殿の増築やサンスーシ宮殿の設計・建築などを手がけた建築家。のちに「フォルム・フリデリツィアヌム」と呼ばれた、現在のベーベル広場をかこむ一連の建築物(聖ヘートヴィヒ聖堂、ベルリン国立歌劇場、ハインリヒ離宮＝フンボルト大学本館、王立図書館＝フンボルト大学法学部棟)も設計した。

▼シャルル・エティエンヌ・ジョルダン(一七〇〇〜四五)　ユグノーの文人。一七四〇年にはプロイセンの全大学およびベルリンの全孤児院・病院の統括責任者となった。失業者・乞食のための作業場を開設し、パリにならって警察制度を導入したほか、聖ヘートヴィヒ聖堂の構想にも関わった。

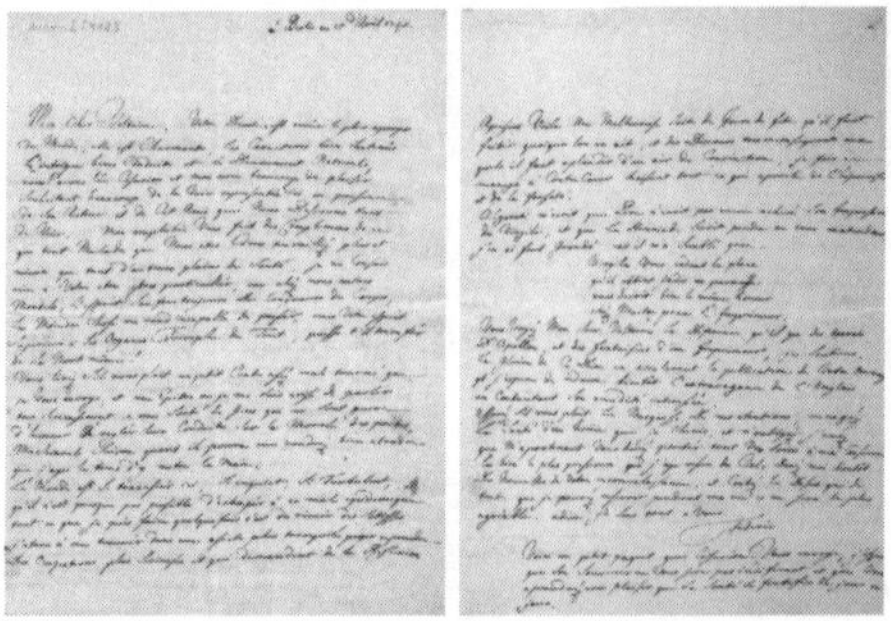

ヴォルテール宛の手紙(一七四〇年四月十五日付)

蔵し、多くの書き込みをおこなった。とくにバルベイラクのフランス語訳で読んだプーフェンドルフ『人と市民の義務』(一六七三年)は、熱心な研究をつうじてフリードリヒの国家思想・法思想を貫く一本の柱となり、生涯にわたり決定的な影響を与えることになった。

ラインスベルク宮殿の司書となり、かつての恩師デュアンのように王太子のために蔵書を収集したのは、同じくユグノーのジョルダン▲だった。すぐにフリードリヒと親しくなったジョルダンは、「自分で読んで是非を判断したい」という王太子のためにヴォルフの著作をフランス語に翻訳した。また王太子がフリーメイソンとなって一七三九年にラインスベルクにロッジを設立すると、そこにクノーベルスドルフとともに加入している。

しかし、ラインスベルク時代のハイライトは、なんといっても「哲学者の王」ヴォルテールとの交際が始まったことである。一七三六年八月八日、ヴォルテールに宛てて送った手紙が、その後八〇〇通以上におよぶ往復書簡の始まりであった。生涯にわたるヴォルテールとの交際をつうじて、フリードリヒはつねに最先端の啓蒙思想に接し、また自己の思想や統治行動に対する啓蒙思想家たちの反応を知ることができた。ヴォルテールはのちに、フリードリヒの熱心な招きに応じてポツダムに滞在した。結局この「同居」は気まずい仲たがいに終わったが、▲これほど偉大な二つの才能が、いつまでも一緒にいられるほうが不思議であろう。その後も二人はときに親しく、ときに辛辣な手紙をかわし合い、一七七八年にヴォルテールが没するまで交際は続いた。

著述活動の本格化

一七三八年にヴォルテールから『ニュートン哲学要綱』を献呈されたフリードリヒは、これを受けて啓蒙主義的な寛容思想を表明した著作『誤謬論《ごびゅうろん》』を著した。ここでフリードリヒは、不完全な存在である人間に誤謬はつきものであること、哲学的・宗教的な見解の相違によって人と人との関係がそこなわれてはならないことを訴えている。

同年、フリードリヒは『ヨーロッパ政治状況論』と題された別の著作も著しているが、こちらはモンテスキューの『ローマ人盛衰原因論』を下敷きにしたものであった。そこでは「原因」つまり国際政治における因果法則の探求が重

▼ヴォルテールとの仲たがい　フランス語の校閲に嫌気がさしたヴォルテールは「汚れた下着を洗わされる」とこき下ろし、大王も度重なる金の無心に辟易して「絞ったオレンジの皮は捨てればいい」と言い放った。「同居」が解消された直接のきっかけは、ヴォルテールが大王の説得をかえりみずベルリン科学アカデミー院長のモーペルテュイを酷評した『アカキア博士』(一七五二年)を公表したことである。激怒した大王は刑吏にこのパンフレットを「公開処刑」させ(これは大王がおこなった唯一の焚書である)、ヴォルテールはポツダムを去った。

視された。国事詔勅はハプスブルク家による帝位世襲化の試みにほかならず、ドイツの自由はいまや抑圧の危機に瀕しているという現状分析は、フランスは国事詔勅を破るだろうという近未来予測とともに、非常に興味深い。自然法思想の影響としては、君主の地位を社会契約に由来せしめ、全身全霊をもって統治に勤しむことを君主に義務づけた点があげられる。結びにおいて「国家を衰退へと導くこと」は不名誉だが「なんらの法的請求権をも有さないものを征服すること」は不正であると断じたことは、現代の眼からみると実に意味深長なのだが、当時は軽く読み流されていたであろう。

これらの著作▲は出版されたものではないが、活発にやり取りされる往復書簡のネットワークをつうじて、啓蒙思想家たちの間でその全体ないし要旨が知られ、啓蒙主義の薫陶を受けた「哲人王」誕生への期待を掻き立てた。

「『アンリアード』序文」

一七三九年八月、フリードリヒはヴォルテールが著した『アンリアード(アンリ王の歌)』特装版のための序文を執筆した。挿画の担当はクノーベルスド

▼フリードリヒの著作　著述活動にあたって、フリードリヒはフランス語を使用した。フリードリヒのフランス語は、多少の癖はあるものの非常に平易であり、また癖の多くはドイツ語話者にありがちな誤りなので、ドイツ語を習ったことのある日本人であれば、ネイティヴのフランス語よりむしろ読みやすく感じるだろう。

ルフである。フリードリヒがこの特装版を企画し自ら序文を寄せたのは、もちろん尊敬するヴォルテールとの交際あってのことだが、そこで扱われた内容がフリードリヒの心に強く響いたからでもあろう。

一七二三年に初版が刊行された『アンリアード』は、自らはカトリックに改宗しつつナント勅令(一五九八年)でプロテスタントに信仰の自由を認め、ユグノー戦争を終結させたフランス王アンリ四世の治績をたたえた叙事詩である。すでに述べたように、ルイ一四世によるナント勅令廃止を受けた大選帝侯のベルリン勅令は、商工業者の多いユグノーに安住の地を保障することで、辺境の選帝侯国ブランデンブルクに経済発展をもたらした。連隊長としてユグノーの歩兵連隊を率い、ユグノーの傅育官や友人にかこまれて成長したフリードリヒにとって、強い関心と共感を呼ぶ主題であったことは想像にかたくない。

フリードリヒはこの「序文」で、宗教戦争の原因となりそれを過激化させる狂信を戒め、人間性こそ君主の徳であるべきだと主張する。啓蒙と学芸の振興はそのために欠かせない。「身分の違いに拘らず、人はみな自然的に平等であり、どのような民族や信仰に属するにせよ、我々は互いに一致して平和に生きねばならない」。この信念はフリードリヒの生涯を貫くものであった。

『反マキアヴェリ論』

「『アンリアード』序文」執筆に先だつ一七三九年三月、フリードリヒは別の著作の構想をヴォルテールに伝えている。それはマキアヴェリの『君主論』(一五三二年)に対する批判の書であった。書簡からは遅くとも五月十六日までに執筆を開始したことがわかるが、初めての長編に筆は滞った。あれこれ工夫のすえ、十月になって、『君主論』を章ごとに反駁《はんばく》するという形式に落ち着き、ようやく筆が進みはじめた。このときフリードリヒは出版にたえる原稿となるよう、ヴォルテールに校閲を依頼している。一応の草稿が完成したのは十一月で、それから数カ月は両者の間で草稿がやり取りされた。総じていえば、ヴォルテールの「校閲」はもはや共同執筆の領域にまで踏み込んだもので、フリードリヒが期待していた範囲を明らかに逸脱していた。

しかし、一七四〇年の春になると、フリードリヒにはもはや草稿を推敲《すいこう》する余力がなくなった。ヴォルテールがオランダの出版業者と交渉しているさなか、病状が悪化していた軍人王フリードリヒ・ヴィルヘルム一世が五月三十一日に崩御し、王太子フリードリヒは新国王フリードリヒ二世として即位したからである。同じ人物の同じ著作でも、王太子の作品として出版されたか、国王の作品として出版されたかでは大きな違いがある。フリードリヒは急いで出版の中止をヴォルテールに依頼したが、すでに遅かった。

こうして『マキアヴェリ君主論の検討』がハーグとロンドンで出版された(D版)。扉には一七四一年とあるが、実際の刊行は一七四〇年で、九月末までには市場に出回っていた。交渉に失敗したヴォルテールは、誤りの多いD版の普及を阻止するという名目のもと『反マキアヴェリ論、あるいはマキアヴェリ君主論に関する批判的試論』と題して独自の版をハーグで刊行した(V版)。いずれも各ページの左半分にマキアヴェリ『君主論』のフランス語訳、右半分に『反マキアヴェリ論』を並べて印刷する版組である。

出版統計のない時代の出版物は、海賊版の数で普及の度合いをはかることができる。この方法によれば、大王の生前にかぎってもD版は四〇版、V版は九版を数え、『反マキアヴェリ論』が一定の注目を集めた書物だったことがわかる。また十八世紀ヨーロッパでは識字率の向上がみられ、学識者など知的エリート層に属さない人々も書物を手にとるようになった。したがって、各国語への翻訳点数も、寄せられた関心の度合いを示すバロメーターといえるだろう。『反マキアヴェリ論』は、生前の翻訳にかぎっても、英語・ドイツ語・イタリア語・オランダ語・ロシア語・ラテン語・トルコ語への翻訳が確認されており、この点からも関心の高さがわかる。もっとも、注目され売れたからといって、読まれ理解されたとはかぎらないことは、留保しておかねばならない。

出版されたD版およびV版を新王フリードリヒが受領したのは、十月下旬であった。自筆の草稿をもとにプロイスが一八四八年に編集・刊行した『マキアヴェリ君主論の駁論』(R版)と読み比べてみると、ヴォルテールが大鉈をふるったV版およびD版は文体がより洗練されているものの、随所に複眼的な考察がみられるR版に比して論理展開が単純化されていることがわかる。これらを一瞥したフリードリヒは、まるで他人が書いた本のようだと述懐している。しかし、フリードリヒにはどうすることもできなかったし、実際、なにもしなかった。十月二十六日、皇帝カール六世崩御の知らせが届いたからである。もは

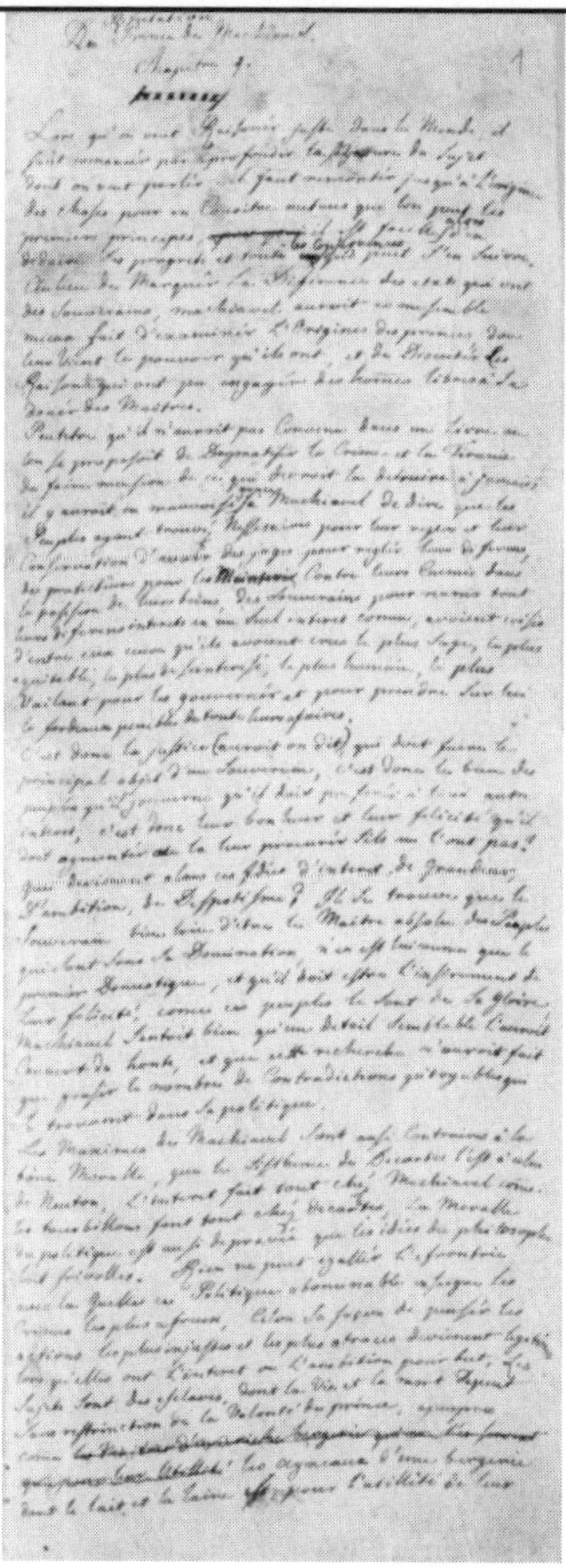

●──『反マキアヴェリ論』第一章の原稿（R版）

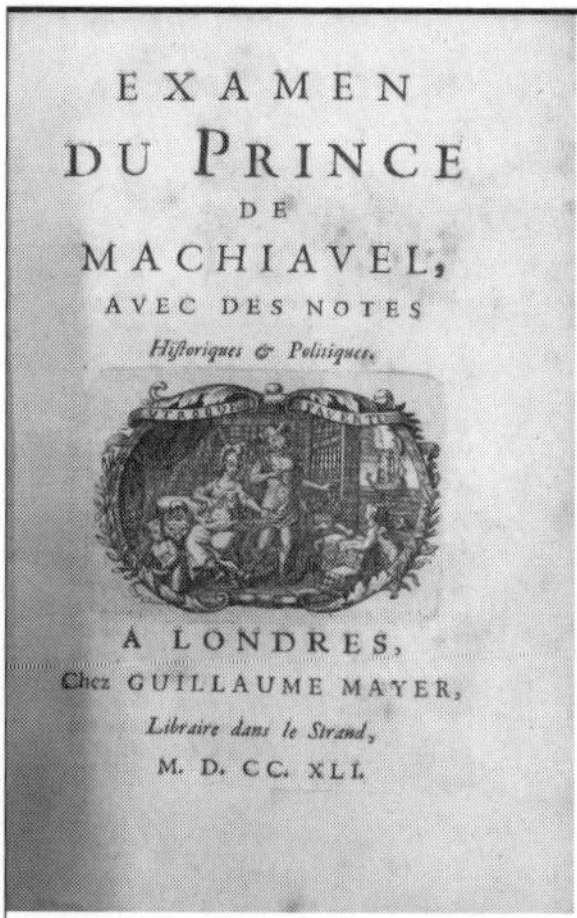

EXAMEN
DU PRINCE
DE
MACHIAVEL,
AVEC DES NOTES
Historiques & Politiques.

A LONDRES,
Chez GUILLAUME MAYER,
Libraire dans le Strand,
M. D. CC. XLI.

●──『反マキアヴェリ論』（D版）

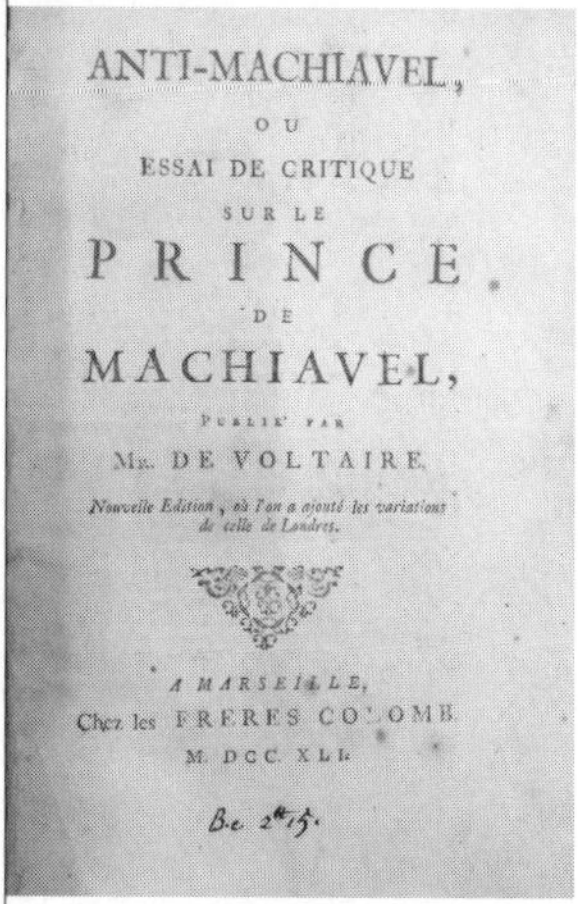

ANTI-MACHIAVEL,
OU
ESSAI DE CRITIQUE
SUR LE
PRINCE
DE
MACHIAVEL,
PUBLIÉ PAR
MR. DE VOLTAIRE.
Nouvelle Edition, où l'on a ajouté les variations de celle de Londres.

A MARSEILLE,
Chez les FRERES COLOMB.
M. DCC. XLI.

Be 2th 15.

●──『反マキアヴェリ論』（V版）

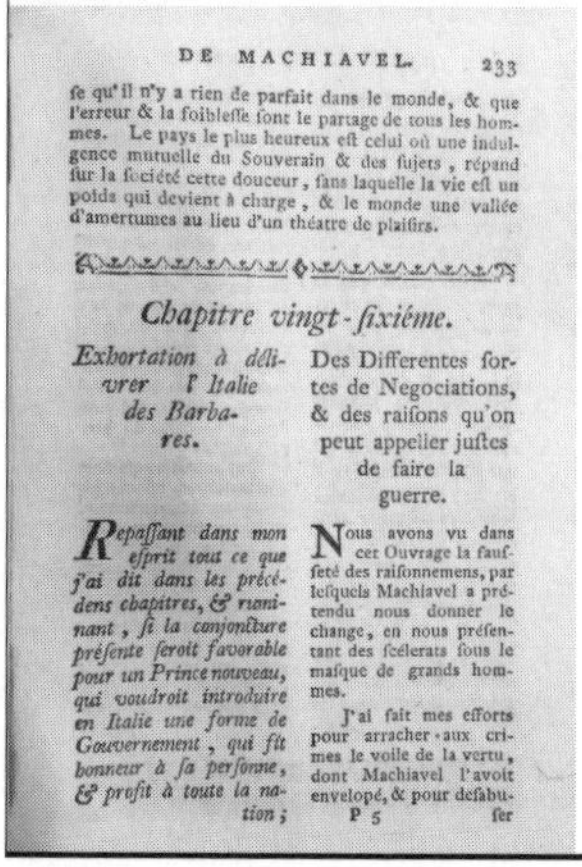

DE MACHIAVEL. 233

fe qu'il n'y a rien de parfait dans le monde, & que l'erreur & la foibleffe font le partage de tous les hommes. Le pays le plus heureux eft celui où une indulgence mutuelle du Souverain & des fujets, répand fur la fociété cette douceur, fans laquelle la vie eft un poids qui devient à charge, & le monde une vallée d'amertumes au lieu d'un théatre de plaifirs.

Chapitre vingt-fixiéme.

Exhortation à délivrer l'Italie des Barbares.	Des Differentes fortes de Negociations, & des raifons qu'on peut appeller juftes de faire la guerre.
Repaffant dans mon efprit tout ce que j'ai dit dans les précédens chapitres, & ruminant, fi la conjoncture préfente feroit favorable pour un Prince nouveau, qui voudroit introduire en Italie une forme de Gouvernement, qui fit honneur à fa perfonne, & profit à toute la nation;	Nous avons vu dans cet Ouvrage la fauffeté des raifonnemens, par lefquels Machiavel a prétendu nous donner le change, en nous préfentant des fcélerats fous le mafque de grands hommes. J'ai fait mes efforts pour arracher aux crimes le voile de la vertu, dont Machiavel l'avoit envelopé, & pour defabu-

P 5 fer

●──『反マキアヴェリ論』第二六章　左半分に印刷されたマキアヴェリ『君主論』とは異なる章題が付されている。

や統治の構想にかかずらっている場合ではない。統治を実践するときがきた。

「何も思い残すことはない。息子はよく統治する能力を備えている。軍の維持も約束した。分別もある。全て上手く行くだろう」。軍人王はこのようにいい残したと伝えられている。

「啓蒙」とはなにか

即位したフリードリヒは、ただちに拷問の原則的廃止、残酷な袋刑《たいけい》の廃止▲、出版の自由、婚姻の自由、信教の自由など、啓蒙主義的な諸改革の狼煙《のろし》をあげた。軍人王に追放されたヴォルフはふたたびハレ大学に呼びもどされ、イングランドに逃亡していたカイト少尉は帰国した。まさに啓蒙君主フリードリヒ大王の登場を告げるにふさわしい改革の数々である。

しかし、よく知られているように、即位したフリードリヒは皇帝崩御の知らせを聞いてただちにシュレージエンに侵攻し、これを併合した。このことはオーストリア継承戦争の引き金となり、また七年戦争の遠因ともなった。また、フリードリヒの統治スタイルが極めて絶対主義的な親政であったことも、よく

拷問廃止令

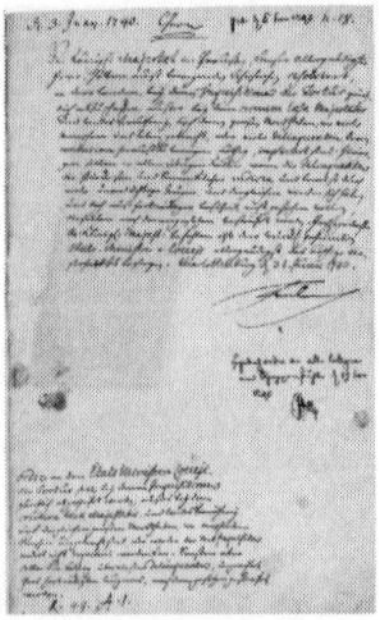

▼袋刑の廃止　フリードリヒによる「人道的」改革の象徴。袋刑とは婚外妊娠者に対する刑罰で、自ら縫わせた袋のなかに手足を縛って入れ、溺死させるという残酷な処刑方法である。すでに廃れていた袋刑をわざわざ復活させた軍人王に対して、大王は「残酷な刑罰は人心を荒廃させる」「男にだまされた無知な母親と罪のない子どもの二人の人口が失われる」と主張した。それゆえ、袋刑の廃止は人道主義と人口政策の両方の観点からおこなわれた。

知られていることである。それでは「啓蒙」とはなんだろうか。

ドイツの歴史家フィーアハウスによれば、「個々の原理や教説、個々の思想家の哲学が『啓蒙』なのではなく、伝統や学問的権威、信仰内容や知識の在庫、法の合法性や制度の歴史性との知的対決の過程が『啓蒙』なのである」。つまり啓蒙の本質は「非理性」との闘争にほかならない。権力が不条理で恣意的に行使されるならば、啓蒙はこれを激しく批判し、それが革命の序曲となることもあろう。しかし、権力が自らを合理的に律しようとするかぎり、啓蒙はむしろ権力を支え、それを導こうとする。実際、四六年におよぶフリードリヒの統治は、啓蒙の精神に貫かれて、ひたすら人民と国家のために親政の義務をはたし、その一環として侵略戦争の義務すらはたそうとするものであった。

信教の自由を例にあげよう。フリードリヒは六月十五日の官房令で「全ての宗教は等しく、良いものである」「トルコ人や異教徒が来て入植したいというなら、モスクでも教会でも建てよう」と述べ、大切なのは実直な人間か否かであって、信ずる宗教は問わないとした。イスラーム教徒でもかまわない、といいきってしまう潔さは啓蒙君主フリードリヒの真骨頂というべきだろう。とは

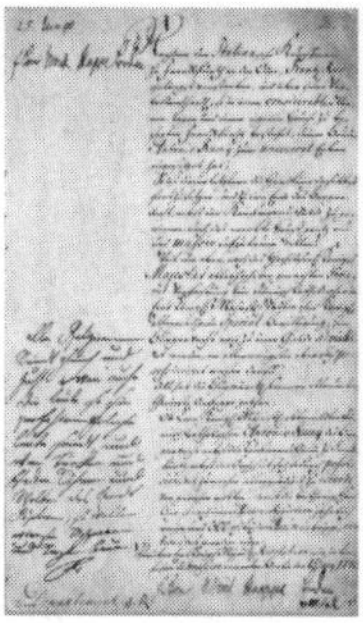

宗教の平等・自由　「全ての宗教は等しく、良いものである」とある。

いいえ、宗教的寛容が人口の増加と国力の増大をもたらすという成功の方程式は、むしろホーエンツォレルン家のお家芸であった。

君子は豹変したのか

『反マキアヴェリ論』を発表した直後のフリードリヒがシュレージエン侵略をおこなったことは、同時代から現代にいたるまで、二枚舌だとか、君子豹変だとか、はては油断させる策略だったとか、さまざまな憶測を生んできた。しかし、これらの憶測はどれも不当である。なぜなら、これらの憶測はいずれも『反マキアヴェリ論』を読まずに述べられたものだからである。

あえて断言しよう。『反マキアヴェリ論』をきちんと研究していれば、諸国とくにオーストリア宮廷は、皇帝が崩御したあとにとられるべきフリードリヒの軍事行動を予見し、おおいに警戒したはずである。なぜなら、そこには継承戦争や予防戦争を辞さない、それは人民に対する君主の義務ですらある、とはっきり明記されていたからである。しかし、実際には読んでいなかったので、オーストリアその他の国々は「不意打ち」を食らうことになった。

じつのところ、きちんと研究するまでもなかった。書物を手にとるとき、多くの人はまず目次をながめ、興味を引かれた章を試し読みするだろう。『反マキアヴェリ論』の目次を見ると、フリードリヒが最終章である第二六章にだけ独自の題を付していることが眼を引く。しかも、その章題は「外交交渉ならびに戦争の正当原因」である。そこで第二六章を開いてみると、防衛戦争や同盟戦争だけでなく、継承戦争と予防戦争もまた「正義と衡平に適った」正当戦争としてあげられている。これでは、見落とすほうが難しい。

要するに、同時代の人々は『反マキアヴェリ論』をろくに開きもせず、題名から中身を勝手に想像した挙げ句に「裏切られた」のである。しかし、当時の人々にとって、それは無理もないことであった。当時のフリードリヒはまだ「大王」ではなく、ローカルなミドルパワーの君主にすぎない。フリードリヒ「大王」がほぼ全ヨーロッパを相手に七年戦争を戦いぬくのは四半世紀後のことであり、まして一世紀後にプロイセンがドイツ統一を導き列強「ドイツ帝国」の中核を担うことなど誰も予想できなかった。

同時代に形成された根強いイメージは、現在も完全には払拭されていない。

もし著作をきちんと読まずにカントやゲーテを論じたら、あるいは読んだとしても他の著作と突き合せながら体系的・整合的に解釈する作業を怠ったら、学界から轟々たる非難をあびるだろう。しかし、フリードリヒを論じるさいは、なぜかそれが許されてきたのである。

侵略の正当性

ここで、シュレージエン侵略の正当性を考えてみよう。

『反マキアヴェリ論』では、継承戦争が「異論の余地のある権利や期待権を維持するためにおこなう戦争」と呼ばれ、いわば決闘裁判▲のように君主は武器を手に訴訟する、と説明されている。よく勘違いされるのだが、なんらかの継承期待権があるなら継承戦争に訴えてかまわない。だからこそフリードリヒはこれを「異論の余地のある」と形容したのである。言い換えれば、継承戦争をおこなうにあたって排他的な権原は必要ない。これは「訴訟」であれば当然のことだろう。一方が排他的な権原をもつ場合、これに対抗する者は不法占拠者として討伐対象となり、もはや対等な戦争当事者ではなくなるからである。

▼**決闘裁判**　中世ヨーロッパにおける裁判手続きの一つ。両当事者は、所定のルールに則ってどちらか一方が死ぬか降参するまで戦い、勝った側の主張が正当とみなされた。

大選帝侯によるシュレージエン継承期待権の放棄は反対給付であるシュヴィーブス郡が奪われたため、軍人王による国事詔勅の承認は反対給付であるベルク公国の継承が反古《ほご》にされたため、いずれも無効となった。よって、国事詔勅はプロイセンを拘束せず、国事詔勅によって女子継承の可能な領地に変更されたシュレージエンは男子継承地に復旧し、マリア・テレジアはその継承者たりえない。プロイセン軍のプロパガンダ文書はこのように主張した。ここで他の国々、とくにオーストリアが同程度の根拠をあげて継承期待権を主張しうるか否かは関係がない。継承戦争の根拠となる継承期待権に「異論の余地のある」のは当たり前だからである。フリードリヒはなにも、オーストリアの言い分が間違っていると主張したわけではない。おたがいの言い分にはそれぞれ一理あるから、戦争で決着をつけようと主張したのである。

また『反マキアヴェリ論』では、予防戦争がおこなわれうるのは「ヨーロッパのより大きな勢力のゆきすぎた権勢がまさにあふれ出ようとしていると思われ、世界をのみこみそうである場合」だと述べられている。言い換えると、当時の国際関係を律する枠組みである「ヨーロッパ公法」の保護法益としての勢力均衡原理にもとづいて攻撃戦争に訴えることが、正戦の一つに数えられているのである。したがって、予防戦争の判断基準は法的というより政治的なものである。二年前の『ヨーロッパ政治状況論』に照らして敷衍《ふえん》するならば、ハプスブルク家の覇権政策に歯止めをかけねばならないという政治的判断が、予防戦争を法的に正当化するのである。具体的には、シュレージエンがオーストリアからプロイセンに割譲されれば両国の勢力格差は縮小し、神聖ローマ帝国における勢力均衡が回復される、ということである。

このようにシュレージエン侵略は、『反マキアヴェリ論』の正戦論を判断基準とするかぎり、二重の意味において「正しい戦争」だった。もちろん、現代の視点からは異なる評価も可能だが、それはまた別の話である。

現実政治において、法はしばしばその無力をさらけ出す。しかし、むき出しの利益追求を他者に認めさせることは難しい。逆説的だが、権力政策がその効果を最大化するには合理的な説明が欠かせないし、経済的効率性が現代ほどの説得力をもたない時代には、法の枠組みに依拠して自らの行為を正当化することが効果的だった。端的にいえば、いわゆる「ソフトパワー」の有効性を認めて積極的に活用するか否かが、マキアヴェリとフリードリヒ大王の分水嶺となった。「ハードパワー」一辺倒の権力政策はかえって現実主義的でないと考えるフリードリヒは、その意味で「アンチ・マキアヴェリスト」だった。

第一次シュレージエン戦争

一七四〇年十二月十六日、フリードリヒは「名誉とのランデヴー」に往くと称し、自ら四万の軍を率いてシュレージエンに侵攻した（第一次シュレージエン戦争）。これによって、ヨーロッパ諸国を巻き込んだオーストリア継承戦争が勃発した。当初、国際世論はカール六世の跡を継いだマリア・テレジアに同情的であったが、すぐに潮目は変わった。理由は二つある。

一つは、軍事的な成功である。軍人王が育てあげ鍛えぬいたプロイセン軍は、わずか二カ月でシュレージエンの大部分を手中におさめ、翌一七四一年一月三日にフリードリヒは州都ブレスラウに無血入城した。四月のモルヴィッツ会戦では一時は危機に陥ったものの、最終的には勝利をおさめた。

もう一つは、プロパガンダ戦の勝利である。プロイセン軍はただ軍事侵攻し

シュレージエン戦争における戦場

ただけでなく、プロパガンダ文書を次々と配布して世論を味方につけた。これに対して、オーストリア側が配布したプロパガンダ文書はほとんどが手書きであり、宮廷や外交官などかぎられた支配階層だけを対象としたものであった。印刷され、抜粋や翻訳が新聞に掲載されたプロイセン側のプロパガンダと比較して、明らかに後手にまわったといわざるをえない。実際、行く先々でプロイセン軍は解放者とみなされ、歓喜の声でむかえられた。

この新たな潮目にのって、ヴィッテルスバッハ家から新皇帝カール七世▲が即位した。帝位を奪われたオーストリアの主敵はもはや、バイエルンとその背後にいるフランスであり、シュレージエンをめぐるプロイセンとの戦いは二の次となった。またオーストリアが頼みとした同盟国イギリスは、プロイセンと講和しないかぎり、資金援助にとどめて参戦は見送ると通告してきた。

こうしてオーストリアに対して優位に立ったプロイセンは、一七四二年五月のコトゥジッツ会戦の勝利によって反撃を断念させ、六月のブレスラウ講和条約にもちこんだ。この条約によりプロイセンは戦争から離脱すること、次の皇帝選挙ではマリア・テレジアの夫フランツに投票することを約束し、かわりに

▼カール七世（一六九七〜一七四五）
オーストリアの窮状をみたバイエルンは、一三四七年を最後に遠ざかっていた皇帝位を奪還する好機とみて、フランスと同盟して対オーストリア戦争に加わった。一七四二年一月二十四日の選帝侯会議で皇帝に選出されたカール・アルプレヒトは、弟のケルン大司教クレメンス・アウグストによって二月十二日に戴冠した。ハプスブルク家以外の皇帝は実に三〇〇年ぶりであった。

敵部隊に遭遇して愛犬と橋の下にかくれるフリードリヒ

シュレージエン地方の大部分を割譲させた。いわばフリードリヒは、国事詔勅をふたたび承認するための条件として、ベルリン条約が明文で保障した「ベルク公国と同等の代替領」を認めさせることに成功したわけである。

第二次シュレージエン戦争

プロイセンとの戦争を終結させたマリア・テレジアは、以後の戦いを優位に進め、一七四四年にはフランス軍を撃退してライン川地域まで進軍した。苦い経験に学んだオーストリアはプロパガンダ文書を印刷し、世論を喚起した。これらの動きを脅威と感じたフリードリヒは、八月にふたたび参戦し、ベーメンに侵攻した(第二次シュレージエン戦争)。とはいえ、皇帝カール七世の支援を大義名分としたため、イギリスやオランダを味方につけた優勢のオーストリアに対して、すでに劣勢にあるバイエルンとフランスの側での参戦となった。

翌四五年一月に皇帝が崩御するとプロイセンの大義は失われ、またオーストリアのプロパガンダが功を奏してカトリック住民の反プロイセン感情が高まった。その結果、プロイセン軍は補給難にみまわれて脱走者があいつぎ、さらにバイエルンがオーストリア側に移って万事休すとなった。しかし、フリードリヒは「生命のために名誉と声望を失うよりも、名誉をもって滅ぶほうがいい」と唱えて戦争を継続し、六月のホーエンフリートベルク会戦などに連勝する一方で、イギリスに働きかけて和平交渉を進め、かろうじて十二月二十五日のドレスデン講和条約に漕ぎつけた。▲その内容は、さきのブレスラウ講和条約を再確認するものであった。ベルリンの市民たちは「フリードリヒ大王万歳！」と歓呼の声をあげ、凱旋するフリードリヒとその軍隊をむかえた。

　こうして「名誉とのランデヴー」は終わり、フリードリヒは「大王」となった。当時シュレージエンの人口は約一五〇万で、その併合によってプロイセンの人口は開戦当時の二五〇万から四〇〇万へと急増した。また、これによってオーストリアとの人口差は、四倍以上から二倍程度へと一気に縮まった。依然として「大国」と呼ぶには物足りないが、今やプロイセンはその地位を射程におさめつつあった。

▼戦争のグローバル化　オーストリア継承戦争がアーヘン講和条約（一七四八年）で完全に終結するまでには、さらに三年を要した。フリードリヒがこの三年間の戦役と無縁だったのは当然だが、交戦を継続していたマリア・テレジアもまた、世界史的にみれば、もはや脇役であった。一七四四年に北米でジョージ王戦争、インドで第一次カーナティック戦争が勃発し、英仏対立を新たな主軸として戦争がグローバル化したからである。このような傾向は、のちの七年戦争でさらに本格化する。

サンスーシ宮殿

サンスーシ宮殿は、一七四五年一月十三日の官房令で造営が命じられ、四月十四日に礎石が定められた。第二次シュレージエン戦争が最終局面をむかえていたさなかのことである。予断を許さない厳しい戦況のもとで造営に着手した背景には、対外的にも対内的にも国力を誇示する意図があった。終戦後、造営はただちに雇用・失業対策へと変化した。二年がかりで完成したロココ式の離宮は「サンスーシ(無憂)▲」と名付けられた。

設計を担当したのはクノーベルスドルフだが、フリードリヒ大王の強い意向で設計はねりなおされ、簡素化された▲。戦時下で余力があることを宣伝するのが目的ならば、最終的に完成する宮殿の規模はさほど重要ではない。宮殿内の装飾についても、体面上、天井のシャンデリアは割愛できなかったが、クリスタルを普通のガラスで代用するといった工夫でコストダウンがはかられた。

装飾といえば、宮殿の建設予定地のすぐそばに、グレーベニッツという粉屋が保有する風車があった。この風車は、ポツダムの人口増加に対応するため、軍人王時代に設置されたものだった。宮殿の造営によって風量が低下したのに

▼「無憂」の意味　フリードリヒ大王は、毎年五月から九月までサンスーシ宮殿に好んで滞在した。「無憂」という名称は、もともと国務や宮廷儀礼を執りおこなわなくてよい離宮という趣旨だったが、結果的に、情念をまどわされない新ストア主義的「恒心」を意味することになった。というのも、社会契約論にもとづいて自らに親政の義務を課した大王は、結局この「離宮」でも分単位のスケジュールで規則正しく生活し、その多くの時間を執務に費やしたからである。

▼設計の簡素化　サンスーシ宮殿の造営にあたっては見栄えを良くし、かつ費用を節減するため、当初の設計にあった半地下が割愛された。完成した宮殿は、地面と同じ高さにある床からの湿気に悩まされ、フリードリヒ大王が痛風を病む原因になったともいわれる。

以前と同じ地代を支払うのは不当だと訴えた粉屋に対して、フリードリヒは新たな風車の建設を許可し、さらに建設費用として四〇〇ターラーを負担した。古い風車はというと、「宮殿の装飾になる」のでそのまま残しておけ、というのが大王の見解であった。

このできごとは、後述する水車粉屋アルノルト訴訟とまざり合って、「サンスーシの粉屋」▲という逸話を生んだ。いわく、風車で粉を挽く騒音に悩まされた大王は、粉屋を呼んで風車の売却をもちかけたところ断られた。怒った大王が「没収するぞ」と脅したところ、粉屋は「ベルリンに王室裁判所がなければよろしゅうございましたが」といい返す。これを小気味よしとした大王は、以後この粉屋と良い隣人関係になったという物語である。

帝国裁判権からの独立

ドレスデン講和条約第七条は、フランツ一世を皇帝として承認する代償として、ザクセンおよびハノーファーの両選帝侯家に認められた諸特権がブランデンブルク選帝侯家にも付与される、と定めた。この規定により一七四六年五月

サンスーシ宮殿の風車

▼**「サンスーシの粉屋」**　この逸話は、フランスの作家ジャン・シャルル・ラベオーの『プロイセン王フリードリヒ二世の生涯』（一七八七年）が初出とされる。「サンスーシの粉屋」というタイトルは、フランスの法律家・劇作家のフランソワ・アンドリューが一七九七年に書いた物語詩に由来する。ドイツではヨーハン・ペーター・ヘーベルの暦話集（一八一一年）に収録された「国王フリードリヒとその隣人」で人口に膾炙した。日本では、山本有三『心に太陽を持て』（一九三五年）に収録された「フリードリヒ大王と風車小屋」がある。

三十一日に付与された特権の一つが、不上訴特権である。こうしてブランデンブルク・プロイセンの裁判権は神聖ローマ帝国の裁判権から完全に離脱した。

金印勅書(一三五六年)は選帝侯に不上訴・不移管特権を認めたが、その適用対象はブランデンブルク辺境伯領にかぎられた。したがって、もともと帝国に属さない東プロイセンを除いた他の諸地域では、領邦内の裁判所でくだされた判決に対して帝室裁判所や帝国宮内法院に上訴を提起することが可能だった。つまり、領邦内でいくら法律や裁判制度を整備しても、いつ帝国の裁判権によって無効化されるかわからない不安定な状態におかれていたのである。このことは、統一国家として司法制度を整備するうえで大きな支障となっていた。不上訴特権の獲得は、本格的な司法改革に欠かせない前提条件であった。

コクツェーイの司法改革

司法改革の現場を担ったのは、ザムエル・フォン・コクツェーイ▲である。コクツェーイのライフワークは、紛争解決にあたって依拠すべき「確たる法」の探求だった。当時のドイツ諸邦では、伝統的な法慣習、十五世紀以降に継受さ

▼ザムエル・フォン・コクツェーイ(一六七九〜一七五五)　高名な自然法学者を父にもち、フランクフルト・アン・デア・オーデル大学で法学を学んだ。一七〇二年にプロイセン・ラント法(一六八五年制定)を改訂して軍人王に登用され、司法官僚の道を歩んだ。しかし、法律の整理だけでなく裁判制度全体の抜本的な見直しにも踏み込んだことから、既得権を手放したくない貴族層と衝突し、三九年に解任された。軍人王と大王の二代に仕え、その功績はとくに大王に高く評価され、男爵に叙せられるとともに、プロイセンの初代「大法官」となった。大王は彼の死を悼み、その功績をたたえて大理石の胸像をつくらせてベルリン王室裁判所に飾らせた。

れたローマ法学説、領邦君主が定めた諸法令などが入り乱れ、裁判所では法を適用する前にまずなにが法であるかを確定せねばならなかった。コクツェーイは、まず手始めに、併合したシュレージエンの司法制度整備に取り組んだ。

一七四六年に訴訟記録送付制度▲を廃止したコクツェーイは、翌年から少数精鋭の改革チームを率いて諸地域を査察し、遅滞していた事案を一気に処理するとともに、不適格な人員を裁判所から排除した。その皮切りとなったポンメルンでは約三二〇〇件の累積案件に加え新規に受理した約六〇〇件をわずか一年で処理し、査察期間内に未解決で残ったのは約三五〇件の新規案件だけという驚異的スピードであった。紛争を迅速に解決するための切り札は、裁判上の和解である。判決よりも和解で迅速に事件を処理するコクツェーイの方針は、のちに制定された訴訟法にもあらわれている。

もちろん、それまで特権を享受してきた貴族層や裁判官・弁護士などの抵抗は激しかった。ゆるがぬ信念をもってこれらを克服した功績をたたえ、フリードリヒ大王は、司法官の頂点に位置する「大法官」という役職を新たに設けたうえで、コクツェーイをこれに任命した。

▼訴訟記録送付制度　疑義のある場合に裁判所が大学法学部に鑑定を依頼する仕組みで、かつて裁判官の多くが素人で占められていた時代には最新の法学説を実務に反映させる役割をはたした。しかし、この制度を濫用するといくらでも訴訟を引き延ばせたため訴訟遅滞が蔓延し、とくに当事者間に貧富の格差がある場合には不公正な裁判の温床となった。

コクツェーイの立法事業

諸地域をまわって応急処置をすませたコクツェーイは、さらなる抜本的な改革に乗り出した。訴訟法の整備である。ここでもポンメルンが皮切りとなった。一七四七年七月六日に制定されたポンメルン・フリードリヒ訴訟法では、不正の温床であった裁判官の手数料収入が廃止され、俸給制が導入された。また法廷弁護士▲が廃止されたほか、弁護士報酬も裁判所の監督下におかれ、紛争解決前の報酬受け取りも禁止された。この訴訟法をもとに、四八年四月三日にはマルク・フリードリヒ訴訟法が制定され、領邦全体に施行された。

同年、領邦全体を統括するプロイセン最高法院(トリブナール)がベルリンに設置された。それまで、ブランデンブルクはベルリン王室裁判所、他の帝国内諸地域はベルリン上級控訴裁判所、東プロイセンはケーニヒスベルク最高法院というふうに、地域ごとに最上級裁判所が異なる状態だったのを、一つに統合したのである。あわせて下級裁判所も整理が進められ、領邦全体の裁判所がトリブナールを頂点とする三審制のもとにおかれることになった。

訴訟法の制定と三審制の整備を終えたコクツェーイは、さらに統一実体法の

▼**法廷弁護士**(プロクラトール)　イングランドのバリスタに相当する法廷弁護士。口頭手続きが発達したイングランドではバリスタが事務弁護士(ソリシタ)よりも高い地位を享受したが、書面手続きが発達した大陸では事務弁護士(アドヴォカート)のほうが一般にプロクラトールよりも地位が高かった。

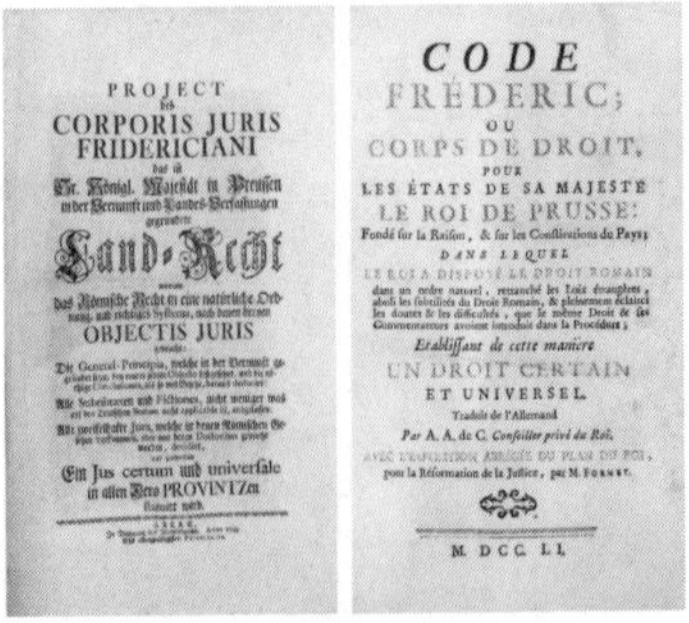

フリードリヒ法典とその翻訳　フリードリヒが実際に眼をとおしたのは翻訳版のほうであろう。フリードリヒ法典は結局施行されなかった、というのが従来の定説だったが、この点は近年の研究で修正されつつある。

改革に着手した。一七四九年にはフリードリヒ法典第一部(人事法・家族法)が、二年後の五一年には第二部(物権法・相続法)が完成した。なお、第三部(債務法・刑法)について大王に問われたコクツェーイは、ベルリンに送るさいに失われた、と苦しい釈明をしたという。しかし、これほどの重要文書を副本も作成せずに送付したとは考えがたいので、第三部の草案はもともと存在しなかった、と考えるのが自然だろう。

フリードリヒ法典は規定内容に対する自然法の影響が乏しく、体系化も未熟であり、また法律用語がしばしばドイツ語化されずラテン語のまま残されていることから、法制史研究者の間で評価が高くない。しかし、コクツェーイが法典の冒頭に掲げた「確たる法」という立法目的は達成されたというのが、歴史的に公平な評価というべきだろう。少なくとも完成した第一部・第二部については、もはや法的紛争の解決にあたってどの法規定に依拠すべきか迷う余地がなくなったからである。規定の内容を自然法に即したより進歩的なものに改め、恣意的な解釈を防ぐために法規定を論理的・体系的に整理し、また一般市民が読んで理解できるように明快な自国語で記載することは、そもそもコクツェーイが解決すべき優先課題ではなかった。

立法の精神

コクツェーイが現場で司法改革を進める間、フリードリヒは法理論的考察をさらに深め、改革事業の意図・経験・成果を『立法原因論』(一七四九年)にまとめあげた。この作品は、翌年一月二十二日にベルリン科学アカデミーで朗読されることで文字通りの「欽定学説」となり、以後のプロイセン司法に進むべき道を示すことになった。

この作品には、モンテスキュー▲の明確な影響がみられる。『ローマ人盛衰原因論』を意識した表題はもちろん、その叙述内容も、古代エジプトから十八世紀ヨーロッパにいたる法制史の叙述や、明確な法律、伝統の尊重、穏健な刑罰、拷問への批判、法律の国民性、最小限の法律など、多くの主張において『法の精神』に一致するからである。

もっとも『立法原因論』の執筆が『法の精神』の出版前に開始されたことは確実なので、『法の精神』の影響を大きく見積もりすぎるのも正しくない。ま

▼シャルル・ルイ・ド・モンテスキュー(一六八九〜一七五五)　フランスの啓蒙主義者で、権力分立論の提唱者として知られる。一七四六年、友人の数学者モーペルテュイがベルリン科学アカデミーの会長に就任したさい、在外会員に選出された。代表作は『ペルシア人の手紙』(一七二一年)、『ローマ人盛衰原因論』(一七三四年)、『法の精神』(一七四八年)。なお、フリードリヒは『ペルシア人の手紙』からも『中国皇帝の密使フィヒフの見聞録。中国語からの翻訳』(一七六〇年)の着想をえている。

サンスーシ宮殿のヴォルテール

たフリードリヒにとって、モンテスキューが『法の精神』で掲げた啓蒙主義的な諸改革の多くは、とっくに実施済みだった。

とはいえ、「法律は政体と国民性に適合していなければならない」というフリードリヒの言葉をみて、法律を「事物の本性に由来する必然的な諸関係」とするモンテスキューの有名な定義を想起しないでいることは難しい。『法の精神』を読んだフリードリヒは、そこに自身の司法改革事業への支持を見出し、法理論的考察をさらに深めたと考えるべきだろう。

『ブランデンブルク家史』

ところで、この時期は「玉座の哲人」フリードリヒにとって実り多い時期でもあった。尊敬するヴォルテールをサンスーシ宮殿にまねき、一七五〇年から三年間にわたって親交を深めた。▲ ヴォルテールとフリードリヒは、それぞれ『ルイ一四世の世紀』と『ブランデンブルク家史』に推敲を重ねているさなかで、執筆した箇所をたがいに読み聞かせるのが晩の楽しみであった。

一七四七年八月に初稿が完成した『ブランデンブルク家史』は、ホーエンツ

▼**「サンスーシで夕食を」**　あるとき大王が

$$\frac{P}{A}\ \alpha\ \frac{6}{100}\ ?$$

と書き送ったところ、ヴォルテールはすぐさま

Ja!

と返したという。これは“A sous pa cent sous six ?”というフランス語の読みを利用した謎かけで、“A souper à Sanssouci ?"（サンスーシで夕食をいかがですか）と誘ったのに対して、"J grand a petit !" すなわち "J'ai grand appétit !"（とても食欲があります）と謎かけで返したものである。ヴォルテールの返事は、そのまま文字通りでもドイツ語で「はい」という返事になっているので、どちらが一枚上手だったかは明らかだろう。

『ブランデンブルク家史』

ォレルン家がブランデンブルク選帝侯となった一四一五年から軍人王が崩御した一七四〇年まで、一三代にわたる治世を描いた歴史書である。父である軍人王までの代々の統治をフリードリヒ大王がどのようにみていたのかがわかる貴重な資料だが、それは同時代の人々にとっても同じだったようで、ドイツ語訳が一七五〇年、英訳が五一年に出版されている。

『ブランデンブルク家史』は単行書として刊行されるさいに、いくつかの小稿をあわせて出版された。これらの附論がまたおもしろい。とくに、「風俗、慣習、産業、学芸における人間精神の進歩」と題された小稿は、戦争や国制、財政などを論じただけでは国家の全体像を描けないとして、人々の習俗に焦点をあてた文化社会史の必要性を唱えている。この小稿が書きあげられたのは一七四八年二月で、文化史の嚆矢とされるヴォルテールの『諸国民の風俗と精神について』（一七五六年）に先んじていたことは、注目に値するだろう。

一七五二年の政治遺訓

復興と改革にある程度の目星をつけたフリードリヒ大王は、ホーエンツォレ

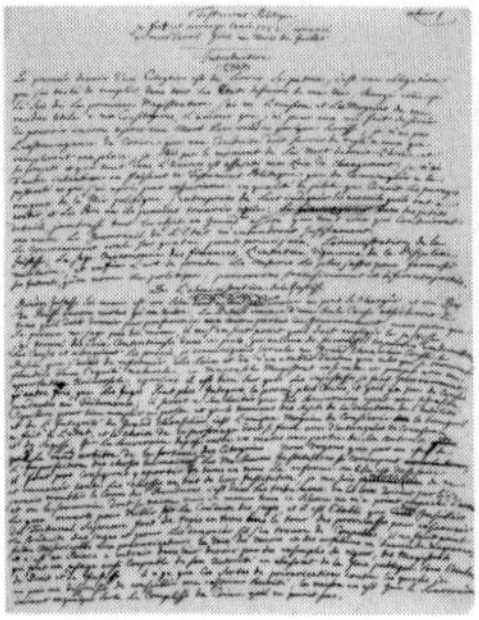

一七五二年の『政治遺訓』

ルン家の伝統に従って継承者のために自己の統治体系を書き残すことにした。一七五二年の『政治遺訓』である。

もっとも、大王の『政治遺訓』は、代々の『政治遺訓』とはまったく性質を異にしていた。そもそも、大選帝侯から軍人王までの『政治遺訓』をすべて合わせても、一七五二年の『政治遺訓』には分量的に遠くおよばない。また、軍人王までの『政治遺訓』が重要な事柄を思いつくままに記した「遺言書」だったのに対して、大王の『政治遺訓』は、体系的に章立てされ統治の全容が詳述された「概説書」であった。

『政治遺訓』は司法から説き起こされ、財政・内政・外交・軍事の順に国家統治の諸分野が論じられたのち、王太子教育論で結ばれる。冒頭に司法がおかれたのは、権利の保障と正義の実現こそが統治者の存在理由だからである。「寡婦や孤児の声が復讐を要求するとき、厳格な戒めによって裁判官を義務に立ち返らせるのは、君主の仕事である」。とはいえ、詳細かつ網羅的に論じられた財政・内政・外交・軍事に比して、司法の叙述はごく簡単である。相互に連関する親政の体系のなかで、司法のみが相対的に自律性を付与されたからである。「私は訴訟の過程に決して干渉しないと決心した。裁判所では、法律が語らねばならず、君主は沈黙せねばならない」。司法監督によって裁判官の質的向上をはかりつつ、大権判決を放棄し、司法権に独立性を認める。こうして、フリードリヒ大王は法治国家への大きな一歩を踏み出した。

『政治遺訓』の末尾におかれた王太子教育論では、統治の重責を担うべき人材をいかに育成すべきか、という問題が論じられた。注目すべきは、「うぬぼれ」や「ぜいたく」を排して、「一私人のように」王太子を教育せねばならないとされた点である。君主は神から特別の恩寵を受けた特権的存在ではなく、同胞市民の信託を受け、同胞市民と祖国に奉仕すべき「第一の下僕」にほかならないからである。ここでフリードリヒは「勤勉で、活動的で、理性的で、精力的で、自ら行動することができ、あらゆる国家利害の統合点となり、軍隊を指揮し、自ら交渉しうる君主」の育成を目標に掲げている。それは大王自身がめざした啓蒙絶対君主の理想像だった。

④―寛容の「祖国」を求めて

外交革命

『政治遺訓』を読むと、フリードリヒが裏表のない人間だったことがよくわかる。継承者だけに閲読が許された機密文書である『政治遺訓』の内容が、『反マキアヴェリ論』など出版・公表を念頭に執筆された他の著作と矛盾なく一致するからである。しかし、裏表のなさは政治家として欠点にもなる。いくら好意をもたない相手でも、一国の政治を左右する立場の人間に向かって「娼婦」呼ばわりは、どう考えてもありえない。俗説によれば、ポンパドゥール夫人や女帝エリザヴェータをあれほど公然と侮辱せず、マリア・テレジアをあれほど露骨に軽んじなければ、そもそも「外交革命」は起こらず、それゆえ仏露墺「三女帝」連合も成立せず、フリードリヒが七年戦争で窮地に陥ることもなかったという。実際、フリードリヒの言動はしばしば慎重さを欠いており、良くも悪くも「大王」らしからぬところがあった。

とはいえ、外交革命はヨーロッパ国際政治の情勢変化を反映したものである。

▼大王の「女性蔑視」　フリードリヒが女性を蔑視したという世評は、そもそも姉を「心の友」としたことからして疑わしい。一七五四年、クヴェードリンブルクの女医ドロテーア・エルクスレーベンがドイツ女性として初めて博士号を取得したさい、前例のない事態にためらうハレ大学医学部の背中を押したのは、女性への学位授与は「非常に喜ばしい」と述べて裁可した大王であった。

▼ポンパドゥール夫人（一七二一〜六四）　フランス王ルイ一五世の愛妾で、政治的に大きな影響力を行使した。

▼エリザヴェータ（一七〇九〜六二）　ピョートル大帝の娘で、ロシア皇帝（在位一七四一〜六二）。甥である継承者ピョートル三世の妻エカテリーナ（二世）は、フリードリヒ大王と並ぶ啓蒙絶対君主として有名。

▼外交革命　長年の宿敵関係にあったフランスのブルボン家とオーストリアのハプスブルク家が一七五六年に同盟を結んだことを指す。

そもそもブルボン家とハプスブルク家は、ヨーロッパ大陸内での覇権をめぐって対立してきた。しかし、先の継承戦争で危機にさらされたオーストリアは、シュレージエンを奪われたことで大国の地位をも危ぶまれる状況となり、フランスと争っている場合ではなくなった。また植民地政策を進めるフランスにとって、インドや新大陸におけるイギリスとの対抗(第二次百年戦争)は最優先課題であり、ロシアを恐れたプロイセンがウェストミンスター協定でイギリスに接近した以上、その対抗勢力と結びつく必要があった。

要するに、ポンパドゥール夫人やマリア・テレジアの反フリードリヒ感情は、同盟に向けた動きをいくらか後押ししたかもしれないが、同盟の締結そのものは国際政治上の必然だった。ブルボン家とハプスブルク家が手を結ぶことなどありえないと決めてかかったフリードリヒは、そこを完全に読み違えていた。

七年戦争

国家存亡の危機を悟ったフリードリヒは、一か八かの賭けにでた。七年戦争である。

▼普米修好通商条約（一七八五年）
一七七六年に独立を宣言したアメリカ合衆国は、開明国家プロイセンと

一七五六年の国際情勢は、一七四〇年とはまったく逆転していた。今や列強は、ハプスブルク家の領土を分割してマリア・テレジアをたんなるオーストリア大公まで引きずりおろすかわりに、ホーエンツォレルン家の領土を分割してフリードリヒをたんなるブランデンブルク選帝侯におとしめようとしていた。当時のオーストリア・フランス・ロシアは、いずれも単独でプロイセンを軽く上回る国力を有したが、それらが結束して対プロイセン同盟を結んだ。彼我の人口比は二〇倍にも達した。かたやプロイセンは孤立していた。プロイセンの戦費が戦争途中で枯渇しなかったのは同盟国イギリスの資金援助のおかげであるが、純軍事的にみれば、イギリスは植民地戦争に専念していた。

七年戦争は近年の歴史研究において、第一次世界大戦に先だつ「最初のグローバルな紛争」と称される。グローバル・ヒストリーの観点に立つとき、フランスとロシアを巻き込んだオーストリアとプロイセンの死闘、すなわち第三次シュレージエン戦争は、七年戦争のひとこまにすぎなかった。その影響の大きさから考えるならば、七年戦争は、なによりもインド(プラッシーの戦いと第三次カーナティック戦争)と北アメリカ(フレンチ・インディアン戦争)におけるイギ

の連携を模索した。積極的なアメリカ側に対し、イギリスの反発を避けたい大王は慎重に交渉に臨んだ。締結された条約は、捕虜の待遇を改善し、戦争勃発にさいして商人に退去猶予期間を与えるなど、戦時国際法の啓蒙主義的人道化にも貢献した。

ナチスのプロパガンダ　ヒトラーは自身をフリードリヒ大王とビスマルクの後継者として宣伝した。

リスの優位を確定させた戦争であった。これによって植民地貿易が活発化し資本蓄積が進んだことを一因として、イギリスで産業革命が始まった。また多額の戦費をまかなうため重税を課したイギリスに、北アメリカ植民地は強く反発した。その流れは、ボストン茶会事件と独立戦争をへて、アメリカ合衆国の独立へとつながった。▲すなわち七年戦争は、産業革命とアメリカ建国という人類史上有数の大事件の序曲だった。

ところで、のちにビスマルク（一八一五〜九八）は、フリードリヒ大王が七年戦争に踏み切ったことを手厳しく批判している。ビスマルクの考えでは、自国に有利な国際情勢を周到につくりあげ、自国に有利な講和条約を結ぶ確実な見込みのあるときにしか戦争をすべきでないからである。ちなみにヒトラーはというと、第二次世界大戦末期、ベルリンの防空壕の壁にフリードリヒ大王の肖像を掲げ、爆撃や砲撃に怯えながら「ブランデンブルク家の奇跡」の再来を願ったという。ビスマルクにせよヒトラーにせよ、七年戦争をたえぬいてプロイセンが存続しえたのは僥倖《ぎょうこう》にすぎない、と正しく理解していたわけである。

「ブランデンブルク家の奇跡」

　第三次シュレージエン戦争もまた、フリードリヒ大王の先制攻撃から始まった。ザクセンに侵入したプロイセン軍は、十月一日にロボジッツ会戦でオーストリア軍に勝利した。

　ただ、この勝利は一方的なものではなかった。プロイセン軍にいたスイス人傭兵のブレーカー▲が逃亡したのは、この遭遇戦の終盤である。この戦いの過程で大王は、プロイセン軍の質的優位が失われたことに気付いた。戦間期に練度をあげたオーストリア軍は、今やプロイセン軍と遜色ない水準にあった。質的な優劣がなければ、物量がものをいう。今後の戦いでは「勝利のさいにも多大な損害をこうむらざるをえないだろう」と大王は覚悟した。

　この予測はあたった。一七五七年五月のプラハ会戦では、辛勝をおさめたものの「一万人以上の兵士に値する」歴戦の勇将シュヴェリーン元帥を失った。続く六月のコリン会戦では大敗を喫した。オーストリア軍はシュレージエンの主要部分を奪回し、ロシアは東プロイセンに侵入してこれを制圧し、ハノーファーを破ったフランスはザクセンに進撃した。十月十六日には、軽騎兵を中心

▼ウルリヒ・ブレーカー（一七三五〜九八）　農民の息子に生まれ、七年戦争にさいしてプロイセンに徴募され傭兵となったが、ロボジッツ会戦の混乱に乗じて逃亡、帰郷した。ブレーカーの自伝は、当時のプロイセン軍の様子や一般民衆の生活を知る貴重な資料である。

としたオーストリア軍の支隊が首都ベルリンを急襲し、王妃エリザベート・クリスティーネがシュパンダウ城塞まで退避する事態に陥った。急派された救援部隊によりベルリンは一日で解放されたものの、プロイセンはいつ滅んでもおかしくない状況だった。

しかし、フリードリヒ大王は、十一月五日のロスバッハ会戦でフランス軍を、十二月五日のロイテン会戦でオーストリア軍を、翌五八年八月二十五日のツォルンドルフ会戦でロシア軍を撃退した。とくに前二者では、倍以上の戦力差にもかかわらず、味方の損害をわずかにとどめ、敵に大打撃を与えた。まさに大勝利であった。列強を次々に打ち破ったフリードリヒ大王の軍事的名声は、このときピークに達した。

とはいえ、高まる名声とは裏腹に、大王の軍隊は疲弊していた。とくにツォルンドルフ会戦では兵員の三割を失い、かわりに補充された兵士たちは、死傷した精鋭たちの水準に遠くおよばなかった。フリードリヒ大王の軍隊は、かつてポーランド戦役でみたオーストリア軍と大差ない状況に落ちぶれていた。

こうして運命の日が訪れた。一七五九年八月十二日、オーデル河畔のクーネ

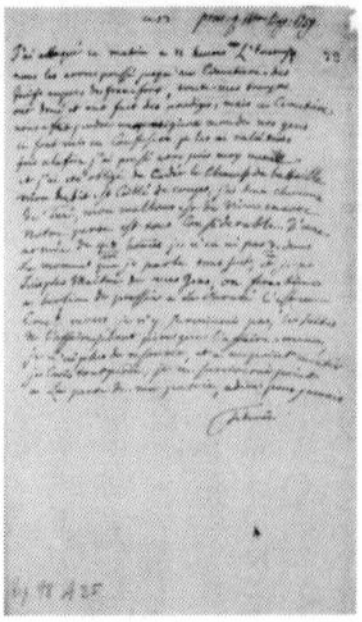

▼クーネルスドルフ会戦　この戦闘では、大王の乗馬が二度も射殺されたばかりか、大王自身も敵弾を受け、運良く煙草入れに当たって一命を取りとめたものの、危うく捕虜になりかけた。四万八〇〇〇の主力を率いて戦いに臨んだのに、退却する大王にともなったのはわずか三〇〇〇にすぎなかった。写真は国務大臣フィンケンシュタインに宛てた同日の手紙。「もはや打つ手はなく、率直にいって、すべてが失われました。祖国が滅んだあとに私が生き残ることはないでしょう。さようなら、永遠に！」と結ばれている。

ルスドルフでの会戦で▲、プロイセン軍はオーストリア・ロシア連合軍に致命的な大敗を喫したのである。「もはや打つ手はなく、すべてが失われた」と考えた大王は、絶望のあまり服毒自殺すら考えた。大王がここでなんとか思いとどまったのは、人民と祖国に対するストア的な義務意識のおかげだった。

　このとき首都ベルリンまで敵の進撃を妨げるものはなにもなかった。しかし、勝利したオーストリア・ロシア連合軍は、相互の不信から時間を浪費した。このことを知ったフリードリヒは、王弟ハインリヒに「ブランデンブルク家の奇跡」が起きたと書き送っている。連合軍はようやく八月十六日にオーデル河をわたったが、この間にフリードリヒ大王は敗残兵を集め、三万三〇〇〇の兵力でフュルステンヴァルトに防衛線を敷いた。クーネルスドルフからベルリンへの進路をふさがれた連合軍は、勝利の果実を手にすることなく、八月三十一日にシュレージエンまで退いた。

もう一つの「奇跡」と終戦

「奇跡」のあとも苦戦は続いた。一七六〇年八月十五日のリーグニッツ会戦では勝利をおさめたものの、十月九日にはロシア・オーストリア連合軍の攻撃で首都ベルリンがふたたび陥落した。大王が救援に向かうまでの四日間、ベルリンはロシア軍の占領下におかれた。そのさい、復讐心にかられたオーストリア軍の掠奪はとくに激しかったとされる。十一月三日のトルガウ会戦では、辛勝したプロイセン軍の損害もまた甚大で、大王自身も流弾で軽傷を負った。

植民地戦争でフランスを圧倒したイギリスが翌六一年十月に資金援助を打ち切ると、プロイセンは財政的にもおいつめられた。しかし、およそ絶望的な状況にありながらも、フリードリヒは「数学的な確実性がないのに絶望するのは卑怯だ」と自分を奮い立たせた。

そしてふたたび「奇跡」は起きた。一七六二年一月五日、ロシア女帝エリザヴェータが崩御したのである。帝位を継承した甥のピョートル三世は、フリードリヒ大王の崇拝者だった。ピョートルはただちにロシア軍を退かせた。五月五日に締結されたザンクトペテルブルク講和条約は、有利な戦況にあったロシアが一方的に譲歩するという奇妙な条約で、占領下にあった東プロイセン、ポンメルンおよびノイマルクの無償返還に応じたうえ、プロイセンとの同盟を約束するものだった。その後、夫を廃位・殺害して七月九日に即位した女帝エカテリーナ二世は、同盟関係こそ解消したものの、講和条約はそのまま承認した。

プロイセンをもっとも苦しめてきたロシアが単独講和に応じたことで、七年戦争は一気に収束へと向かった。植民地戦争で敗れたフランスはすっかり戦意を喪失し、年末までにライン左岸まで撃退された。すべての交戦国が和平に向かうなか、オーストリアに単独で戦争を継続する余力はなかった。

一七六三年二月十五日に締結されたフベルトゥスブルク講和条約によって、さきのアーヘン講和条約の内容が再確認され、プロイセンのシュレージエン領有は最終的に確定した。七年戦争は、植民地において人類史に大きな影響を与えたが、ヨーロッパではすべてが戦争前の状態にもどされた。ただ、大王は今や軍神のごとく畏れ崇められるようになった。

「老フリッツ」

七年間におよぶ辛苦艱難に満ちた戦争は、軽率に思えるほど明朗快活だったフリードリヒ大王を、心を閉ざした皮肉な「老フリッツ」に変えた。かたくな

▼友情の神殿　大王は一七六八年の一〇回忌にさいし、ヴィルヘルミーネを偲んでサンスーシ公園に「友情の神殿」を建てさせた。

「老フリッツ」の執務風景

になった弟の心をやわらげられたかもしれない「心の友」ヴィルヘルミーネは、終戦を待たず一七五八年に没していた。▲

大王の親しい友人たちも、その多くが戦死または病没した。それも無理はない。一般に、軍隊同士の会戦で勝敗が決まる前近代の戦争は、近代の総力戦とは違って、市民生活への影響が少なかったとされる。なのに、七年戦争でプロイセンは人口の一割を失ったのである。当然、人心は荒廃した。大王は繰り返し領内を巡察して被害の実情を把握し、復興に尽力した。しかし、失われた国力を取り戻すためになすべきことは数知れず、国務は劇的に増加した。

ポーランド分割

戦火のまだ冷めやらぬ一七六三年十月五日、ポーランド王アウグスト三世が崩御した。ポーランド王位がザクセン選帝侯に世襲されることを防ぐため、エカテリーナ二世は、フリードリヒ大王に同盟の締結を持ちかけた。大王はこの提案を勢力均衡の見地から歓迎し、翌六四年四月に同盟が成立した。選挙王政であるポーランドが世襲王国となれば、いずれハンガリーやベーメンのようにハプスブルク家の手に落ちる、そうなればロシアの介入は避けられず、ヨーロッパ全体を巻き込んだ大戦が勃発する、というのがフリードリヒの予測であった。

　この同盟は、一七七二年の第一次ポーランド分割をもたらした。西プロイセンを領土に加えたフリードリヒは、「プロイセンにおける王」から「プロイセンの王」になった。またブランデンブルクから東プロイセンまで領土が切れ間なくつながり、国土の一体性がました。一七五二年の『政治遺訓』において、西プロイセンは「剣よりもペンによって平和的に」獲得すべき、と夢想▲したフリードリヒにしてみれば、万事がうまく運んだことになる。

　なお、マリア・テレジアがポーランド分割を道義的に非難したことはよく知られているが、それは正義をかざして国際政治的に優位に立とうとするプロパガンダ戦略にほかならない。逆の立場なら、フリードリヒであれエカテリーナであれ、同じように振る舞っただろう。三度にわたるシュレージエン戦争で死闘を演じた好敵手に向けた「彼女は泣いてみせたが、とるものはとった」という大王の言葉には、どこか温かな親しみすら感じられる。

▼**「政治的夢想」**　『政治遺訓』に設けられた項目で、しばしば大王の侵略主義的野望を示すものと解釈されてきた。しかし、叙述を丁寧に追えば、これはヨーロッパ国際政治の現状分析からの近未来予測であって、なにを警戒すべきか、またすべてが好都合に運んだ場合になにを目標とすべきか検討したものだとわかる。むしろ「政治的夢想」は諸大国の最後尾という立ち位置を冷静に把握し、継承者に無謀な野心をいましめるための思考実験だったと解釈すべきだろう。

ポーランド分割のアレゴリー　ブロンベルク(ブィドゴシュチュ)の女神(左)に大王が運河の経路を示している。一七七三～七四年に開削された運河は、西プロイセン北部をオーデル河と結ぶことで経済を発展させ、プロイセン諸邦の国家としての一体化に寄与した。

仮に現代世界で同じことがおこなわれたならば、なんの弁護の余地もないだろう。しかし、ここで留意すべきなのは、ポーランド・リトアニア共和国の三割にあたる領土がロシア・プロイセン・オーストリアの三国に割譲されたとき、これをなげくべき「国民」はまだどこにも存在しなかった、という事実である。前近代ヨーロッパの民衆は、自分がどこの国に所属しているか気にもとめなかった。ポーランドとリトアニアに「国民」が生まれるのは、まさに第一次分割で危機感を覚えた人々が、スタニスワフ二世のもとで改革を進め、一七九一年の「五月三日憲法▲」によって国民国家へと脱皮したあとのことである。

人命を尊重し、戦争を回避しながら勢力均衡の維持に成功したという点に着目するならば、第一次ポーランド分割は、啓蒙主義の輝かしい成果とすら評価しうるかもしれない。少なくとも、フリードリヒ大王はそのようにとらえていた。一七七二年にベルリン科学アカデミーで発表された『学芸の効用』は、ルソーの『学問芸術論』（一七五〇年）を批判し、学問と技芸による心性の文明化を称賛した作品だが、そのなかでフリードリヒは、ポーランド分割を「学芸の効用」の一例に数えたのである。

▼ポーランド・リトアニア憲法（一七九一年五月三日）　同年九月のフランス憲法に先だって制定された欧州最古の成文憲法。非常に民主的な立憲君主制を定めたが、選挙王政を廃して世襲王政としたことは、プロイセンに警戒心をいだかせた。また、この平等主義的な憲法によって特権が奪われることを恐れた大貴族はロシアと結びつき、一七九三年の第二次ポーランド分割をまねいた。

▼バイエルン継承戦争　これといった戦闘のないまま睨み合いが続き、両軍ともに食料調達に明け暮れたことから、プロイセンでは「ジャガイモ戦争」、オーストリアでは「スモモ騒動」と呼ばれた。

収穫したジャガイモを大王に示す農民

一七七八年のバイエルン継承戦争▲でも、フリードリヒ大王は武力による威嚇を用いながらロシアの仲介をあおぎ、オーストリアによるバイエルン併合計画を阻止した。こうして帝国諸侯の間で名声と信頼を高めた大王の主導によって、八五年に君侯同盟が結成された。前年に大王が起草した草案によれば、君侯同盟の目的は、神聖ローマ帝国における皇帝の専制に対抗して、金印勅書に定められた諸権利を宗派の別なく保障し、帝国議会や帝室裁判所を維持することとされた。王太子時代に『ヨーロッパ政治状況論』で訴えた専制の抑止と勢力の均衡は、晩年に一つの制度的な保障として結実したのである。

復興事業

七年戦争が終結した一七六三年、フリードリヒ大王は新宮殿(ノイエ・パレー)の造営に着手した。隣接するサンスーシ宮殿の場合と同じく、その目的は国威発揚であり雇用対策であった。完成までに六年を要した新宮殿の建設費は、国庫に負担をかけないようすべてが大王の私費でまかなわれたとされる。

大王はまた、耕地拡大にも取り組んだ。すでに戦間期にオーデル河の改修を

▼**「青い手紙」**　ドイツ語の口語表現では、落第や解雇の通告を「青い手紙」と呼ぶが、これは十八世紀のプロイセンで大量に発せられた国王の命令書を封入するため、使用済みの軍服から製造した紙が使用されたことに由来する(プロイセンの軍服は青色)。

絹織物マニュファクチュアを視察する大王

おこなっていたが、七年戦争後はさらに熱心に各地の干拓・開墾事業を推し進めた。こうした事業について大王は、戦争ではなく「勤勉によって一州を獲得した」と自画自賛している。

もっとも、ブランデンブルクは寒冷な気候に加え「砂場」と蔑称されるほど地味に乏しく、新たな耕地ともなればなおさらだった。そこで大王が眼をつけたのが、おもに花の鑑賞用に栽培されていたジャガイモである。一七五六年の「ジャガイモ栽培令」は、すべての休耕地にジャガイモの作付けを義務づけた。真偽のほどは定かでないが、当初、ジャガイモを「悪魔の根」と呼んで躊躇していた農民たちは、大王が農園を兵士に厳しく警備させているのを見て貴重な作物と思い、競って栽培を始めたという。こうして普及したジャガイモは、プロイセン軍の食糧を支え、やがてドイツ料理に欠かせない素材となった。

もちろんうまくいかなかったものもある。軍人王は、大量に消費される軍服▲を国産品でまかなうため、毛織物マニュファクチュア(工場制手工業)を推進した。そこで大王は、ユグノーが伝えた技術を活かし、さらに絹織物マニュファクチュアに乗り出した。外国人技師による無料の技術講習、桑や蚕卵の無償配布、起業資金の提供、買い取り価格の保証、生産高に応じた報奨金など、あらゆる施策がとられた。しかし、生糸生産量がピークに達した一七八四年ですら、国内需要の五％しかカバーできなかった。多くの農民にとって、ジャガイモや桑の木なら栽培できても、蚕を育て生糸をとるのは難しかった。大王が崩御したとき、農民たちはこれで養蚕から解放されると安堵した。

一七六八年の『政治遺訓』

二度目の『政治遺訓』は、こうした戦後復興のさなかに執筆された。直接の契機は、継承者として手塩にかけて育成した甥ハインリヒ▲の早世であった。国務の増大を反映してか分量が一五％ほどふえたものの、司法から始まり王太子教育論で結ばれる構成は、おおむね前回の『政治遺訓』を踏襲している。

しかし、注意深くみてみると、一七五二年の『政治遺訓』では「君主は自ら統治すべきか」という独立した項目で親政が論じられていたが、六八年の『政治遺訓』には相当する項目がなく、かわりに「行政一般」と題された官僚制度論が設けられたことに気付く。そこでは即位直後に肝いりで新設された商工業

▼**ハインリヒ**（一七四七〜六七）　大王の弟アウグスト・ヴィルヘルムの次男。兄（のちのフリードリヒ・ヴィルヘルム二世）よりも恵まれた才能をもつハインリヒを大王は真の継承者として扱い、国内巡察にも好んで帯同した。天然痘のため一九歳で没した。

▼商工業省　即位直後の六月二十七日、総監理府の部局として設置され、一七四九〜六六年まで大王が自ら統括した。

省▲が、大王の直轄からはずされた旨も記されている。これと同時に、教育に関する記述が全般的に増加したこともみてとれる。

その意味を理解するために、出版・公表を意識した同時期の著作にも眼を向けてみよう。復興期の大王は、さまざまな対象を念頭に一連の教育論を著した。代表的なものだけでも『騎士学院令』(一七六五年)、『教育書簡』(一七六九年)、『自己愛論』(一七七〇年)、『道徳問答』(一七七〇年)などがあげられる。これらはみな、荒廃した人心を野蛮から救い出し、身分や地位に応じた貢献をなす能動的な公民に育てよう、という壮大な構想に貫かれたものだった。

一連の教育論の集大成にあたる『祖国愛書簡』(一七七九年)では、財産や能力や身分に応じた「祖国」への貢献が説かれる。「祖国」とは人と人とをつなぐ紐帯であり、「祖国」への貢献と君主への奉仕は別物である。むしろ「賢明で穏健さに満ちた統治がなされている良き君主政は、今日では専制政よりも寡頭政に近い政体であり、法律だけが支配するのです」。大王がいう「祖国」は、モンテスキューが理想とした制限政体にほかならない。大王の政治論の集大成とされる『君主義務論』(一七七七年)が、君主を「人民」ではなく「国家」の

「第一の下僕」と位置づけていることもまた、この文脈で理解すべきだろう。

矛盾しているようだが、陰気で偏屈で人間嫌いの「老フリッツ」は、だからこそ信頼できる仲間を切望した。親政を託すべき甥ハインリヒは、もういない。意識改革によって受動的な臣民を能動的な公民へと脱皮させ、国家や社会の主体的な担い手に育ててあげようとしたのは、そのためである。もちろん「老フリッツ」自身は、依然として「第一の下僕」だった。しかし、それは人民のために一人ですべての重荷を背負う「人民の第一の下僕」ではなく、ともに「祖国」を構成する全国民の先頭に立って模範を示し、身分・財産・能力においてもっとも抜きん出た者として、他の誰よりも献身的に「祖国」に奉仕すべき「国家の第一の下僕」であった。

寛容と統合のシンボル――聖ヘートヴィヒ聖堂

鉱工業のさかんなシュレージエン地方は人口の三分の二がプロテスタントで、これまでカトリックのハプスブルク家から抑圧されてきたため、プロイセン軍は解放者として歓迎された。しかし、別の言い方をすれば人口の三分の一はカトリックだった。カトリック信徒の心をつかまないかぎり、シュレージエンの統合は望めない。これは戦時中の苦い経験からも明らかだった。迫害を恐れた民衆が協力を拒んだため、ベーメンなどカトリック地域でプロイセン軍はしばしば兵站《へいたん》に支障をきたし、苦戦をしいられたからである。

ベルリンの中心それもフォルム・フリデリツィアヌムに、当初の構想にあったパンテオン(諸宗派ごとに祭壇が設けられた円形聖堂)にかえて純粋なカトリック教会が建設された背景には、このような政治的判断があった。しかし、それは同時に宗教的寛容の象徴でもあった。▲一七七三年十一月一日に献堂式をむかえた聖堂は、シュレージエンの守護聖人である聖ヘートヴィヒ(シロンスクのヤドヴィガ)に捧げられた。聖ヘートヴィヒ聖堂は、シュレージエンからベルリンに移住したカトリック系住民の心の拠り所となった。

同年七月、教皇クレメンス一四世がイエズス会の解散▲を命じると、大王は各国から追放された会士の受け入れをすかさず表明した。大王の考えでは、イエズス会士は「学識あるカトリック信徒」であって、シュレージエンや西プロイセンなどのカトリック系住民に対する学校教育を担うべき人材の宝庫だった。

▼**寛容とユダヤ人差別**　シナゴーグの建設を希望するベルリンのユダヤ人は、一七四七年に定礎されたものの慢性的な資金不足や七年戦争の勃発で何度も中断を余儀なくされた聖ヘートヴィヒ聖堂の買い取りを申し出たが、聖堂をシュレージエン統合の象徴と位置づけていた大王はこれを拒否した。なお、ユダヤ人に対する大王の差別的政策は、人種や宗教の違いというよりも無産ユダヤ人の人口増加に対する懸念からとられたものだが、寛容政策の汚点といわざるをえない。

▼**イエズス会の解散**(一七七三年七月二十一日)　十八世紀後半になるとフランス・スペイン・ポルトガルなどカトリック諸国は、教皇にゆるぎない忠誠を誓うイエズス会を敵視し、教皇に圧力をかけて解散に追い込んだ。大王だけでなく、ポーランド分割でカトリック住民が増加したロシアのエカテリーナ二世もイエズス会士の活動継続を認めた。なお、解散の回勅は一八一四年に教皇ピウス七世によって撤回された。

水車粉屋アルノルト訴訟のアレゴリー　農民の訴えを受けた裁判官フリードリヒが秤を掲げ、プロイセンの紋章をおびた正義の女神が剣で貴族を追及する。

難民として逃れてきたユグノーに活躍の場を提供し、首都の真ん中に異宗派の聖堂を建てたばかりか、カトリック諸国から追放されたカトリック修道士すら歓迎する寛容の国、それがフリードリヒ大王のプロイセンだった。

水車粉屋アルノルト訴訟

一七六八年の『政治遺訓』において「財産の保全、所有の安全、そこにあらゆる社会ならびにあらゆる良き統治の基礎がある」と記し、あらためて大権判決をいましめたフリードリヒ大王であるが、晩年に司法への直接的干渉を余儀なくされた。水車粉屋アルノルト訴訟である。

ノイマルクのポメルツィヒ近郊で水車粉屋を営んでいたクリスティアン・アルノルトは、隣人が養鯉池を設置したため水量が不足し、収入が激減した。そこでアルノルトは領主に賃料の減免を求めたが、逆に領主は賃料不払いを理由にアルノルトを訴えた。第一審の領主裁判所に続き、第二審のノイマルク地方裁判所も領主の訴えを認めたため、水車は競売にかけられた。それでもアルノルトはあきらめず、ポツダム王宮前の「請願の菩提樹」に赴き、大王に直訴し

▼**カール・アブラハム・フォン・ツェードリツ**（一七三一〜九三）　プロイセンの法律家・政治家。カント哲学の信奉者で、宗務担当大臣として教育制度の改革に尽力し、一七八八年にアビトゥーア（高等学校卒業資格試験）を導入。また大王の「大権判決」に抵抗し副署を拒んだことから、ツェードリツは、大津事件（一八九一年）で政府の干渉を拒否した児島惟謙と同じく、ドイツにおける司法権独立の立役者としてたたえられる。

た。現地調査を命じられたホイッキング大佐とノイマン判事は、意見の対立を残したまま報告書を提出した。水車粉屋から正義が奪われたというホイッキングの報告を重くみた大王は、裁判所に迅速な救済を指示する。しかし、第三審のベルリン王室裁判所もまた、アルノルトの請求を棄却する判決案をまとめたため、老フリッツの逆鱗にふれた。

こうして一七七九年十二月十一日の「破局」が訪れた。大王は大法官フュルストと三人の王室裁判所判事を呼び、「もはや水を有さず、それゆえ粉挽きができず、それゆえ稼ぎがえられない水車粉屋から、賃料を支払わないからといって、水車を奪うことが許されるのか」と詰問した。その場でフュルストは解任され、訴訟に関わった判事たちの逮捕・拘禁が命じられた。また大王は「王子であれ農民であれ」身分の別なく正義と自然的衡平にのっとった迅速な裁判が提供されねばならない、と国内の全裁判所に厳命した。

さらに大王は、判事たちの処罰と水車粉屋への賠償を命じる判決をくだすよう刑事部に指示した。ところが、刑事部長官を務めていた国務大臣ツェードリツ▲がこれを拒否したため、大王は「大権判決」に踏み切った。厳密には、この

▼再審　一七八六年に即位したフリードリヒ・ヴィルヘルム二世は、ただちに判事たちの名誉回復をおこなうとともに事件を再審に付した。再審判決はアルノルトの申立を大筋で認めつつも損害の立証にはいたらないとし、判事たちには国家賠償がおこなわれ、アルノルトは水車粉屋の営業継続を認められた。

とき行使されたのは王太子逃亡未遂事件で軍人王が行使したのと同じ「裁可権」だったが、当時のプロイセン法曹界はこれを広義の「大権判決」と受け止めた。翌一七八〇年一月一日、判事たちは城塞禁固一年の刑を宣告され、損害賠償と原状回復が命じられた。九月五日、アルノルトの手に水車がもどされたことを受け、大王は判事たちに恩赦を与え釈放した。▲

水車粉屋アルノルト訴訟については、印象や思い込みで評価をくだした文献が多いため注意が必要である。実際に裁判記録を精査した少数の研究は、もっとも重要な法律問題であるアルノルトと領主の法的関係について、永借地関係と解釈して減免が妥当とする説と、永小作関係と解釈したうえで当時の通説に照らして減免が妥当だったとする説に分かれるが、いずれも減免を妥当とする点では一致する。また手続的にも、大王の対応は正当な裁可権行使の枠内にあったという理解で研究は一致する。事実関係については水量減少の真偽が鍵となるが、これを否定する証言がおよそ信憑性を欠くため、水量は本当に減ったと考えるのが合理的だろう。つまり、フリードリヒ大王は正しかった。

もっとも、大王が「適切な法的判断をおこなった」とするのは贔屓目にすぎる。大王は、軍事・外交の天才だからではなく「運が良かったので」七年戦争を戦いぬけた。同様に、大王は怒りに眼が眩んだまま正義感にかられ行動しただけだが、「運が良かったので」結果的に妥当な判断をくだせたのである。

カルマーの司法改革

水車粉屋アルノルト訴訟の経過において、プロイセン法曹界とフリードリヒ大王は一時的に対立したものの、結果的に両者の結束はむしろ高まった。このような事件を二度と起こしてはならない、という決意が両者をかたく結びつけたからである。大胆な改革の必要性を確信した大王は、カルマー▲を大法官に任命した。シュレージエン担当司法大臣だったカルマーは、任地で断行した諸改革の成果を全国に拡大する機会を求めていた。ベルリンに乗りこんだカルマーは、懐刀のスヴァーレツ▲に活躍の舞台を与えた。こうして一七八一年の新民事訴訟法典を皮切りに、壮大な法典編纂事業が始まった。人事政策と法整備の併用によって恣意的な法解釈を抑制しながら司法の自律性を確保するというコクツェーイ改革の路線を踏襲しつつ、カルマー改革はさらに、素人が読んでも理

▼ヨーハン・ハインリヒ・カジミール・フォン・カルマー（一七二一～一八〇一）　イエナとハレで法学を学び、司法修習生時代にコクツェーイの司法改革を体験。一七五〇年にコクツェーイのシュレージエン巡察に同行したのち、同地でキャリアを重ね、六八年にシュレージエン担当司法大臣に就任。七四年にシュレージエンで閲兵式に臨んだ大王に建白書を提出したことは、改革派司法官僚として大法官に抜擢される布石となった。

▼カール・ゴトリープ・スヴァーレツ（一七四六～九八）　フランクフルト・アン・デア・オーデルで法学を学び、シュレージエンでキャリアを積む過程でカルマーに登用された。プロイセン一般ラント法の編纂にあたって中心的役割をはたした。一七九一年から翌年にかけて王太子（のちのフリードリヒ・ヴィルヘルム三世）に国家と法について進講した。

解できる明快で体系的な法規範の提示をめざした。個々の市民が自らの主体的な判断で行動する近代市民社会の実現こそが、新たな到達目標となった。しかし、その最大の成果であるプロイセン一般ラント法が一七九四年に施行されたとき、すでに大王はこの世を去っていた。

プロイセン一般ラント法

プロイセン一般ラント法▲の起草にあたり、網羅性・完全性を追求するスヴァーレツは、ありとあらゆる状況をあらかじめ想定してそれぞれに明快な法規定を設けておくことで、恣意的な法解釈の余地をなくすと同時に、それを理由とした大権判決をも防ごうとした。

スヴァーレツの草案に対して、フリードリヒ大王は「実に宜しいが、あまりにこれは浩瀚《こうかん》である。法律は簡潔でなければならず、冗漫であってはならない」と批判した。三〇年あまり前の『立法原因論』において大王はすでに、「すべてが計画され、すべてが調和し、なんら不都合を生じない」ような「完全な法典」は「人間性の枠外」にあって実現不可能だと断じていた。大王はむ

▼プロイセン一般ラント法　ナポレオンのフランス民法典(一八〇四年)やオーストリア一般民法典(一八一一年)と並ぶ、自然法的法典編纂の代表。一万九〇〇〇をこえる膨大な条文によって、民法だけでなく行政法・商法・刑法など、手続法を除くあらゆる主要法分野を網羅した。条文の書き方も、抽象的・一般的な他の二法典と異なり、くどいほど具体的である。

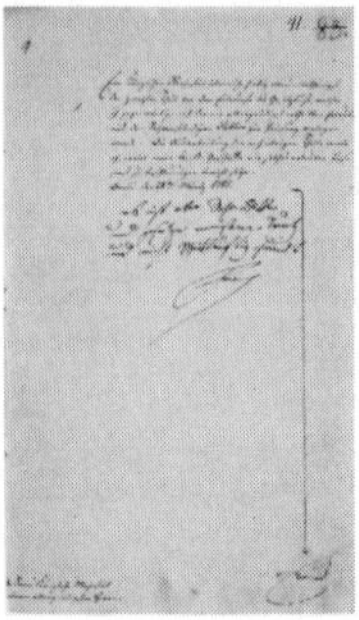

「**法律は簡潔でなければならない**」頁の中ほどに大王が書き込んだコメントがみられる。

しろ、簡潔な法典を良識ある法律家が誠実に解釈して紛争解決にあたることを理想とした。簡潔な法典であれば、素人でも理解でき、専門家が恣意的な解釈をすればすぐ露見するだろう。しかし、見通しのきかない膨大な条文のなかで密かに不正がおこなわれても、素人にはわからない。要するに大王は、法解釈に啓蒙主義的な説明可能性を担保しようとしたのである。

これに対して、スヴァーレツは大王没後の一七八八年に「法律はどれほど簡潔であらねばならないか」と題した講演をおこない、反論した。スヴァーレツは、専門家のために制定された網羅的な法典とは別に、「民衆法典」を用意すればよいと考えていた。▲

とはいえ、これは方法の違いにすぎず、めざすものは同じだった。革命のように諸身分や諸特権を一気に廃止するのではなく、身分制社会を所与の前提としながらも法的安定性と具体的妥当性の両立を試み、啓蒙主義の理想にもとづいて近代的な市民社会と法治国家をつくり出そうとした点で両者は一致していた。プロイセン一般ラント法は「フリードリヒ大王の法典」だった。

▼十八世紀プロイセンの法教育
スヴァーレツとゴスラーの共著『プロイセン国民の法律教育』(一七九三年)は、プロイセン一般ラント法を一般向けに平易に解説した読本で、いわば「民衆法典」構想の具体化だった。またヴィルムゼンの教科書『ブランデンブルク子供の友』(一八〇〇年)には「プロイセン・ラント法からの抜粋」がおさめられ、民衆学校の生徒たちに法教育がおこなわれた。

「喜ばしい変革」

スヴァーレツの講演は「啓蒙の友たちの協会」として一七八三年に結成されたベルリン水曜会でおこなわれた。参加者は職業的にも身分的にも多様で、ビースター▲やニコライ▲、それにメンデルスゾーン▲もそこにいた。水曜会は、パリのサロンやロンドンのコーヒーハウスのように、啓蒙の精神にあふれた市民の自発的な集いだった。これまでプロイセン啓蒙主義では宮廷や大学など「上から」の動きがめだったが、水曜会は自発的な結社による「下から」の啓蒙の場だった。その自由闊達な議論の一部は、機関誌『ベルリン月報』に掲載された。『ベルリン月報』は、水曜会に参加できない人々にとって、バーチャルなフォーラムの役割をはたした。ケーニヒスベルクの哲人、イマヌエル・カントが一七八四年に「啓蒙とは何か」を寄稿したのも、この雑誌であった。

カントはこの論文において、啓蒙の本質を「他人の指導によらず自分で考える勇気をもつこと」に見出し、「敢えて賢かれ」という標語にまとめた。カントにとって、フリードリヒ大王は「好きなだけ、なににについてであれ、考えるがよい。ただし服従せよ！」と述べる世界で唯一人の君主であり、啓蒙が広が

▼ヨーハン・エーリヒ・ビースター（一七四九～一八一六）　ゲッティンゲンで法学と歴史学を学び、一七七七年に国務大臣ツェードリッツの秘書に採用。八四年、大王じきじきに王立図書館司書に任命され、翌八五年には同館長となった。ベルリン水曜会では秘書として協会の運営に尽力し、『ベルリン月報』を発行して啓蒙の普及に尽力した。カントやフンボルト兄弟との交遊でも知られる。

▼フリードリヒ・ニコライ（一七三三～一八一一）　ベルリンの文人・出版業者。父が一七一三年に創業したドイツ最古の出版社の一つを継ぎ、啓蒙主義を代表する出版社として国外でも知られる存在に育てた。スヴァーレツの『プロイセン国民の法律教育』もニコライから刊行された。

▼モーゼス・メンデルスゾーン（一七二九～八六）　作曲家フェーリクス・メンデルスゾーン＝バルトルディの祖父で、レッシングの代表作『賢者ナータン』のモデルとされるユダヤ人哲学者。一七六三年のベルリン科学アカデミー懸賞論文では、カントを抑えて一等を獲得した（カ

ントは二等)。啓蒙の理念から人間の尊厳と信仰の自由を説き、ユダヤ人の解放を訴えた。ベルリン水曜会ではユダヤ人であることを理由に正会員ではなく名誉会員とされた。

りをみせはじめたその時代はまさに「フリードリヒの世紀」であった。

他人の指導をあおぐことをやめた市民たちが主体的に啓蒙の場を生み出し、その精神を広めていく様子は、老フリッツの眼にどのように映っていただろうか。一七八〇年の『ドイツ文学論』には、こんな記述がある。「第三身分はもはや恥ずべき堕落のうちに沈滞していない。父親たちは、負債で苦しむことなく、子どもたちの教育を負担している。ここに、われわれの期待する喜ばしい変革(レヴォリュシオン)の確かな前提があるのだ」。

迫害された難民たちを喜んで受け入れる寛容の王国を受け継いだフリードリヒ大王は、宗教や民族にかかわらずすべての人が身分に応じて主体的に参加できる寛容の「祖国」のために尽力した。ナショナリズムの暴風が吹き荒れた一五〇年後、その責任を問われるかのようにプロイセンが解体され消滅したのは、まさに歴史の皮肉というほかない。しかし、フリードリヒ大王の精神は、現代にいたるまで確かな遺産として受け継がれている。

「愛犬とともに眠りたい」

一七八六年八月十七日午前二時二〇分、フリードリヒ大王は執務室のソファにもたれたまま崩御した。最期の日々は、痛風とリューマチの悪化で椅子に座ることもベッドに横たわることもできなかったという。心配そうに寄りそう愛犬ズペルベに「毛布をかけてやってくれ」と頼んだのが、最期の言葉だった。自由な哲人・文人でありたいという生来の願望を抑え、四六年にわたって君主として自己を厳しく律し続けた大王には、ささやかな願いがあった。サンスーシ宮殿のかたわらに簡素な墓を設け、愛犬とともに眠りたい、と。

しかし、遺言は守られなかった。王位を継承したフリードリヒ・ヴィルヘルム二世は、盛大な葬儀を催し、大王の棺をポツダム衛戍《えいじゅ》教会に運んで軍人王の棺の隣に安置した。第二次世界大戦末期、空襲を避けて鉱山に疎開させられた棺は、戦後、西ドイツ政府によって一族の故地ホーエンツォレルン城に移された。そしてドイツ再統一後、没後二〇五年にあたる一九九一年八月十七日、ついに大王の願いはかなえられた。

フリードリヒ大王は今、サンスーシ宮殿のかたわらに設けられた簡素な墓で、

●—フリードリヒ大王の崩御

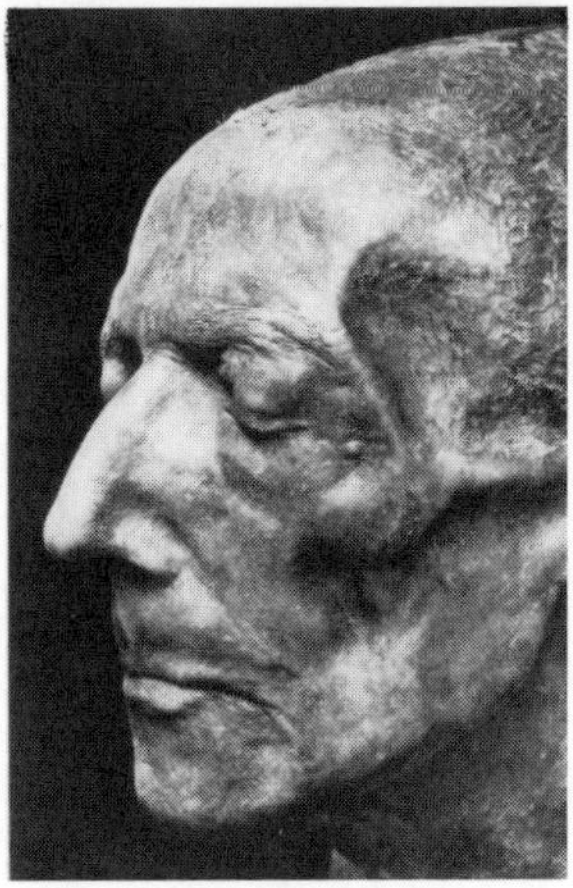

●—大王のデスマスク

●—サンスーシ宮殿の墓所　フリードリヒ大王の墓(手前)にはジャガイモや花束の供物がたえない。奥に並ぶ墓石には愛犬たちが眠る。

一一頭のグレイハウンドたちと並んで眠りについている。

ホーエンツォレルン家とフリードリヒ大王年表

西暦	齢	おもな事項
1191		ニュルンベルク城伯に授封
1415		ブランデンブルク選帝侯に授封
1466		プロイセンの東西分割，西プロイセンはポーランドに割譲
1525		ドイツ騎士修道会国家の解散，東プロイセンは世襲公国に
1614		クレーフェ公国など西方諸邦の獲得
1618		ブランデンブルク選帝侯国とプロイセン公国が同君連合，三十年戦争（～48）
1640		大選帝侯フリードリヒ・ヴィルヘルム即位
1660		プロイセン公国がポーランドから独立
1671		ユダヤ人家族への特許状付与
1685		ポツダム勅令によるユグノーの受け入れ
1688		フリードリヒ３世即位
1689		フランス学院設立
1694		ハレ大学設立
1701		東プロイセンの王国昇格，「プロイセンにおける王」フリードリヒ１世即位
1712	0	王太子フリードリヒ（のちの大王）誕生
1713	1	フリードリヒ・ヴィルヘルム１世即位，皇帝カール６世の国事詔勅
1728	16	王太子フリードリヒのドレスデン訪問，ベルリン条約
1730	18	王太子逃亡未遂事件
1732	20	ザルツブルクとベーメンからプロテスタント難民を受け入れ
1733	21	カントン制度，ポーランド継承戦争（～38）
1736	24	ラインスベルク宮殿での生活（～40）
1740	28	フリードリヒ２世（大王）即位，オーストリア大公マリア・テレジア即位，第１次シュレージエン戦争（オーストリア継承戦争勃発）
1742	30	皇帝カール７世即位，ブレスラウ講和条約（第１次シュレージエン戦争終結）
1744	32	第２次シュレージエン戦争
1745	33	皇帝フランツ１世即位，ドレスデン講和条約（第２次シュレージエン戦争終結）。サンスーシ宮殿造営（～47）
1747	35	聖ヘートヴィヒ聖堂造営（～73）
1748	36	アーヘン講和条約（オーストリア継承戦争終結）
1756	44	外交革命，第３次シュレージエン戦争（七年戦争勃発），ジャガイモ栽培令
1759	47	クーネルスドルフ会戦（「ブランデンブルク家の奇跡」）
1762	50	ザンクトペテルブルク講和条約，ロシア皇帝エカテリーナ２世即位
1763	51	フベルトゥスブルク講和条約（七年戦争終結），新宮殿造営（～69）
1765	53	皇帝ヨーゼフ２世即位
1772	60	ポーランド分割，西プロイセン併合により「プロイセン王」に
1773	61	追放イエズス会士の受け入れ
1778	66	バイエルン継承戦争
1779	67	水車粉屋アルノルト訴訟
1780	68	マリア・テレジア死去
1783	71	ベルリン水曜会結成
1785	73	ドイツ君侯同盟，普米修好通商条約
1786	74	フリードリヒ大王死去

参考文献

ヴォルテール(福鎌忠恕訳)『ヴォルテール回想録』大修館書店 , 1989 年
上山安敏『法社会史(増補版)』みすず書房，1987 年
エストライヒ(阪口修平・千葉徳夫・山内進編訳)『近代国家の覚醒』創文社，1993 年
カント(篠田英雄訳)『啓蒙とは何か 他四篇』岩波文庫，1974 年
木村靖二編『新版世界各国史 13 ドイツ史』山川出版社，2001 年
阪口修平『プロイセン絶対王政の研究』中央大学出版部，1988 年
○阪口修平編著『歴史と軍隊――軍事史の新しい地平』創元社，2010 年
ディルタイ(村岡哲訳)『フリードリヒ大王とドイツ啓蒙主義』創文社，1975 年
成瀬治・山田欣吾・木村靖二編『世界歴史大系　ドイツ史 2』山川出版社，1997 年
ハフナー(魚住昌良監訳)『図説プロイセンの歴史』東洋書林，2000 年
ハルトゥングほか(成瀬治編訳)『伝統社会と近代国家』岩波書店，1982 年
ファルクほか編(小川浩三・福田誠治・松本尚子監訳)『ヨーロッパ史のなかの裁判事例』ミネルヴァ書房，2014 年
フィッシャー＝ファビアン(尾崎賢治訳)『人はいかにして王となるか―プロシアの栄光とフリードリヒ大王』日本工業新聞社，1981 年
ブレーカー(阪口修平・鈴木直志訳)『スイス傭兵ブレーカーの自伝』刀水書房，2000 年
マイネッケ(菊盛英夫・生松敬三訳)『近代史における国家理性の理念』みすず書房，1976 年
村岡晢『フリードリヒ大王―啓蒙専制君主とドイツ』清水新書，1984 年
モンテスキュー(野田良之・上原行雄ほか訳)『法の精神』岩波文庫，1989 年
○屋敷二郎『紀律と啓蒙――フリードリヒ大王の啓蒙絶対主義』ミネルヴァ書房，1999 年
山内進『掠奪の法観念史』東京大学出版会，1993 年
山内進『北の十字軍』講談社，1997 年(講談社学術文庫，2011 年)
Böning, Holger: 300 Jahre Friedrich II. Ein Literaturbericht, Bremen 2013.
Externbrink, Sven: Der Siebenjährige Krieg(1756–1763). Ein europäischer Weltkrieg im Zeitalter der Aufklärung, Berlin 2009.
○Henning, Herzeleide (Bearb.): Bibliographie Friedrich der Große. Nachträge und Neuerscheinungen bis 2013, Berlin 2015.
Kloosterhuis, Jürgen: Katte, Ordre und Kriegsartikel, 2. Aufl., Berlin 2011.
Kunisch, Johannes: Friedrich der Große. Der König und seine Zeit, München 2004.
Kunisch, Johannes: Friedrich der Große in seiner Zeit, München 2008.
Merten, Detlef: Rechtsstaatliche Anfänge im Zeitalter Friedrichs des Großen, Berlin 2012.
Straubel, Rolf: Biographisches Handbuch der preußischen Verwaltungs- und Justizbeamten 1740-1806/15, 2 Teile, München 2009.
Wehinger, Brunhilde (Hrsg.): Geist und Macht. Friedrich der Große im Kontext der europäischen Kulturgeschichte, Berlin 2005.
Ziechmann, Jürgen: Fridericianische Encyclopädie, Bremen 2011.

※雑誌論文および 2000 年以前の欧文単行書については，○印を付した文献を参照されたい。

図版出典一覧

Althoff, Frank u. Overgaauw, Eef: Homme de lettres. Federic. Der König am Schreibtisch（Ausstellung）, Berlin 2012.
カバー裏, 扉, 29下, 45左, 48, 54, 61右, 63, 71, 80, 81, 90, 93, 106, 111上

Benninghoven, Friedrich / Börsch-Supan, Helmut / Gundermann, Iselin: Friedrich der Grosse（Ausstellung）, Berlin 1986. *102, 111中*

Dorgerloh, Hartmut（Geleit.）: Friederisiko. Friedrich der Grosse（Ausstellung）, München 2012. *29上, 62, 82, 95*

Kloosterhuis, Jürgen u. Lambacher, Lothar（Bearb.）: Kriegsgericht in Köpenick!（Ausstellung）, 2.Aufl., Berlin 2011. *31, 43, 45右*

Mythos Friedrich, ZEIT Geschichte, Nr. 4, Jg. 2011. *87, 96, 97*

Preußen. Der kriegerische Reformstaat, Spiegel Special Geschichte, Nr. 3, Jg. 2007. *4, 5, 17, 20, 46, 52*

著者提供 *32, 41, 61左, 74, 78, 111下*

ユニフォトプレス提供 カバー表

屋敷二郎(やしき　じろう)
1969年生まれ
一橋大学大学院法学研究科博士後期課程修了，博士(法学)
専攻，西洋法制史
現在，一橋大学大学院法学研究科教授
主要著書
『紀律と啓蒙——フリードリヒ大王の啓蒙絶対主義』(ミネルヴァ書房，1997年)
『概説西洋法制史』(共著，ミネルヴァ書房，2004年)
『法の流通』(共編著，慈学社，2009年)
『夫婦』(編著，国際書院，2012年)

世界史リブレット人55
フリードリヒ大王《だいおう》
祖国《そこく》と寛容《かんよう》

2016年12月20日　1版1刷発行
2020年9月5日　1版2刷発行

著者：屋敷二郎《やしきじろう》

発行者：野澤伸平

装幀者：菊地信義

発行所：株式会社 山川出版社

〒101-0047　東京都千代田区内神田1-13-13
電話　03-3293-8131(営業)　8134(編集)
https://www.yamakawa.co.jp/
振替　00120-9-43993

印刷所：株式会社 プロスト

製本所：株式会社 ブロケード
 ISBN978-4-634-35055-7